职业院校"品德技能合一"教育系列学材

融入组织

广东省轻工业高级技工学校组编

曹卫国　主　编
陈　琳　副主编

广东省轻工业高级技工学校教材编委会

主　任：黄克明
副主任：陈公凡
委　员：唐　伟　罗小苑　李光中　刘依星　赵里宏　洪燕琼
　　　　谭国平　谭志丽　李小凯　高　峰　江鉴津　廖松林
　　　　李　功　曹卫国　谢金红　陈日月

中国轻工业出版社

图书在版编目（CIP）数据

融入组织/曹卫国主编，广东省轻工业高级技工学校组编．—北京：中国轻工业出版社，2019.8

ISBN 978-7-5019-9447-2

Ⅰ.①融… Ⅱ.①曹… ②广… Ⅲ.①企业管理–组织管理学–中等专业学校–教材 Ⅳ.①F272.9

中国版本图书馆 CIP 数据核字（2013）第 209753 号

责任编辑：王　淳　　责任终审：劳国强　　封面设计：锋尚设计
版式设计：宋振全　　责任校对：吴大鹏　　责任监印：张　可

出版发行：中国轻工业出版社（北京东长安街6号，邮编：100740）
印　　刷：北京君升印刷有限公司
经　　销：各地新华书店
版　　次：2019年8月第1版第7次印刷
开　　本：710×1000　1/16　印张：10
字　　数：110千字
书　　号：ISBN 978-7-5019-9447-2　定价：22.00元
邮购电话：010-65241695
发行电话：010-85119835　传真：85113293
网　　址：http://www.chlip.com.cn
Email：club@chlip.com.cn
如发现图书残缺请与我社邮购联系调换
190922J3C107ZBW

前 言
FOREWORD

　　《融入组织》是第一学期品德能力核心课程，主要涵盖团队建设、环境适应、服从执行、文化认同、公民素养等五个主题。该课程以活动或任务为载体、以体验式为其主要教育教学模式。教学实施和资料编写从品德能力的培养目标出发，以教学活动策划为核心，以"做中学"、"体验式"、"行动导向"为其主要的教育理念，注重为学生营造和提供一个学习、探索和自由表达的环境和氛围，分享学生的作业和成果。

　　一、学生的主体地位：在教学活动过程中，要求同学们积极主动参与教学，树立课堂活动的主体地位，我的课堂我做主；通过对课堂活动的精心策划与设计，在活动中获得体验和收获；活动结束后要进行充分的分享和探讨，在互动和交流中明辨是非、提升素质。

　　二、教师的教学定位：教师作为活动的协调者，要充分调动学生的积极性、参与度，让学生乐起来、动起来、思想活跃起来；教师作为教学活动的引导者，要善于把握问题的实质，控制活动的节奏和进度；教师作为教学活动的参与者，要善于总结学生的观点和认知，将其升华到理论层面，以达到教育目标、活动设计、理论升华、学习评价相互统一的效果。

　　三、教学载体的创新：教学载体应该根据教学主题的需要，以事实载体为导向，注重学习与生活的融合，其主要形式有社会实践、校内实践、拓展活动、问题探讨、情景模拟等形式。本学材提供的活动形式仅供学习借鉴，鼓励大家在学习过程中因材施教、积极参与，对主题的学习载体、活动设计创新和开发。

　　四、教学空间的拓展：品德能力课程的教学实施是"大课堂"，即教室、校园、社会，等等。教学根据主题的需要，不拘泥于教室和校园，让课堂走向生活，让生活走入课堂。

　　五、教学评价的要求：品德能力课程实施过程性评价与终结性评价相结合，以过程性评价为主的评价模式。评价从道德认知、情绪体验、能力表现三个方面进行评价。评价过程中遵循客观性原则、多元性原则、差异性原则、过程性原则、鼓励性原则、操作性原则、定性与定量相结合的原则等。

　　总之，教无定法、学无止境。学生的品德归根结底要通过行为来体现，学生品德塑造和能力形成没有固定的模式，需要师生在教学过程中不断创新与实践。只要我们树立同学们课堂主体地位，引导学生参与、投入，就会收获体验、感悟，提升个人品德能力。

编者
2013 年 5 月

目　录
CONTENTS

主题一　团队建设 ·· 1
　模块一　团队组建 ··· 3
　模块二　团队凝聚 ··· 10
　模块三　团队合作 ··· 19

主题二　环境适应 ·· 31
　模块一　校园攻略 ··· 33
　模块二　校园融入 ··· 40
　模块三　自我认知 ··· 51

主题三　服从执行 ·· 61
　模块一　纪律 ·· 63
　模块二　自律 ·· 69
　模块三　执行力 ·· 75

主题四　文化认同 ·· 85
　模块一　组织认同 ··· 87
　模块二　学校认同 ··· 94
　模块三　国家认同 ··· 100

主题五　公民素养 ··· 113

模块一	社会公德	115
模块二	校园公德	124
模块三	公民意识	132

附录　心理健康 143

附录一　心理学小知识 144
附录二　心理测试 146
附录三　实用网站 154

主题一　团队建设

主题引入

本主题旨在让同学们对团队概念了解，认识团队成员，明确自己在团队中的位置，能建立自己的学习、生活团队。通过学习感悟，提高集体凝聚力，懂得团队合作的力量。为专业学习和班级管理做思想上的铺垫。

同学们刚到新的学校、班级，要学会迅速了解、熟悉、适应和融入团队，只有在团队中个人才能全面健康地成长，将来到了企业、走向社会也同样如此。

# 课前准备

准备项目	准备内容和要求
礼仪准备	不迟到、早退；不可穿拖鞋；主动向老师问好等
课堂准备	教室卫生干净、明亮；帮助老师擦黑板；手机调成振动或关机等
主题准备	学习资料、团队任务准备、签字笔、学材

我的团队

组　　名					
口　　号					
我的角色		人　数		组　长	
团队成员					

模块一　团队组建

刚进入学校,通过一个星期的军训生活,班级的同学已经基本熟悉。建立、适应、融入新团队,让自己有归属感,才能安心、稳定地开始学习。通过不同类型团队建立,能在集体中找到自己的位置,为班级组织结构提供参考。

活动简介

活动一:成员认识
1)文娱表演:诗歌朗诵"认识你真好"。
2)同乡认识、宿舍认识、同班认识、教师认识。

活动二:认识团队
每个人、每个阶段,都会属于不同的团队。任何人生活在团队中,就应属于团队、适应团队。回顾自己成长过程中的团队。

活动三:团队建立和展示
学习型团队、运动型团队、文艺型团队、生活型团队、管理型团队等。

1. 团队建立
通过阅读讲解学习导航内容,推选领导组建团队。

2. 团队展示
各种类型兴趣团队的建立展示。

3. 班委建立
在以上各类型团队建设的基础上,通过选举等形式组建班委,并进行宣誓就职仪式。

注意事项

1）通过各种热身小游戏打破僵局，按照项目内容逐步进行，要求有认识和被认识环节，可以增加考核要求。

2）活动过程中要及时地给予同学们鼓励和支持，作为班集体，以后要在一起生活和学习，要相互支持、相互帮助。

学习导航

一、相关概念

1. 团队

团队就是由两个或者两个以上的，相互作用，相互依赖的个体，为了特定目标而按照一定规则结合在一起的组织；是由员工和管理层组成的一个共同体，该共同体合理利用每一个成员的知识和技能协同工作，解决问题，达到共同的目标。团队应该有一个既定的目标，为团队成员导航，知道要向何处去，没有目标，这个团队就没有存在的价值。

2. 集体

表现为多数人在一起互相工作、合作。

3. 群体

群体是相对于个体而言的，但不是任何几个人就能构成群体。群体是指两个或两个以上的人，为了达到共同的目标，以一定的方式联系在一起进行活动的人群。

二、相关资料

1. 团队的构成要素

（1）目标（Purpose）

团队应该有一个既定的目标，为团队成员导航，知道要向何处去，没有目标，这个团队就没有存在的价值。

（2）人（People）

人是构成团队最核心的力量。两个以上的人就可以构成团队。目标是通过人员具体实现的，所以人员的选择是团队中非常重要的一个部分。在一个团队中可能需要有人出主意，有人订计划，有人实施，有人协调不同的人一起去工作，还有人去监督团队工作的进展，评价团队最终的贡献。不同的人通过分工来共同完成团队的目标，在人员选择方面要考虑人员的能力如何，技能是否互补，人员的经验如何。

（3）团队的定位（Place）

团队的定位包含两层意思：团队的定位，团队在组织中处于什么位置，由谁选择和决定团队的成员，团队最终应对谁负责，团队采取什么方式激励下属？个体的定位，作为成员在团队中扮演什么角色？是订计划还是具体实施或评估？

(4) 权限 (Power)

团队当中领导人的权力大小跟团队的发展阶段相关,一般来说,团队越成熟领导者所拥有的权力相应越小,在团队发展的初期阶段领导权是相对比较集中的。

(5) 计划 (Plan)

计划的两层面含义,一是目标最终的实现,需要一系列具体的行动方案,可以把计划理解成目标的具体工作的程序;二是提前按计划进行可以保证团队进度的顺利。只有在计划的操作下团队才会一步一步地贴近目标,从而最终实现目标。

2. 团队类型

类别	优点	缺点
实干型	组织纪律强,吃苦耐劳,工作勤恳,自我约束	缺乏灵活性,激情和想象力
协调型	虚心倾听,沉着冷静,客观公正	忽视组织目标,注重人际关系
推进型	思维敏捷,思路开阔,追求高效	冲动急躁,有时瞧不起人
创新型	个性,有才华肯学习,想象力强	忽视细节,不拘礼节,高高在上
领导型	处事冷静,分辨力强,公正客观	缺乏鼓动和煽动力,缺乏激发活力的能力
凝聚型	善处关系,适应力强,温和敏感	危机时优柔寡断,不起决定性作用

3. 团队目标

自然界中有一种昆虫很喜欢吃三叶草(也叫鸡公叶),这种昆虫在吃食物的时候都是成群结队的,第一个趴在第二个的身上,第二个趴在第三个的身上,由一只昆虫带队去寻找食物,这些昆虫连接起来就像一节一节的火车车厢。管理学家做了一个实验,把这些像火车车厢一样的昆虫连在一起,组成一个圆圈,然后在圆圈中放了它们喜欢吃的三叶草,结果它们爬得精疲力竭也吃不到这些草。这个例子说明在团队中失去目标后,团队成员就不知道向何处去,最后的结果可能是饿死,这个团队存在的价值可能就要打折扣。团队的目标必须跟组织的目标一致,此外还可以把大目标分成小目标具体分到各个团队成员身上，大家合力实现这个共同的目标。同时，目标还应该有效地向大众传播，让团队内外的成员都知道这些目标，有时甚至可以把目标贴在团队成员的办公桌上、会议室里，以此激励所有的人为这个目标去工作。

4. 群体和团队的区别

群体指为了达到特定的目标，由两个以上的人所组成的相互依赖、相互影响的人群结构。团队是指一种为了实现某一目标而由相互协作的个体所组成的正式群体。是由员工和管理层组成的一个共同体，它合理利用每一个成员的知识和技能协同工作，解决问题，达到共同的目标。

团队和群体经常容易被混为一谈，但它们之间有根本性的区别，汇总为六点：

（1）在领导方面

作为群体应该有明确的领导人；团队可能就不一样，尤其团队发展到成熟阶段，成员共享决策权。

（2）目标方面

群体的目标必须跟组织保持一致；但团队中除了这点之外，还可以产生自己的目标。

（3）协作方面

协作性是群体和团队最根本的差异，群体的协作性可能是中等程度的，有时成员还有些消极，有些对立；但团队中是一种齐心协力的气氛。

（4）责任方面

群体的领导者要负很大责任；而团队中除了领导者要负责之外，每一个团队的成员也要负责，甚至要一起相互作用，共同负责。

（5）技能方面

群体成员的技能可能是不同的，也可能是相同的；而团队成员的技能是相互补充的，把不同知识、技能和经验的人综合在一起，形成角色互补，从而达到整个团队的有效组合。

（6）结果方面

群体的绩效是每一个个体的绩效相加之和；团队的结果或绩效是由大家共同合作完成的产品。

三、案例阅读

诗歌朗诵《认识你真好》

佛说：前世五百年的回眸，才换来今生的擦肩而过。那么今世的与你相遇，是否是我曾经历了前世千百次的回首？我不知道前世的我们是否真的有缘，我只想告诉你，今世能够与你相遇，能够与你做一世的知己，真好！如水的日子因为认识了你而不再平淡，逝去的岁月里，因为有了你，回忆会更加浪漫。

时空的遥远并没有改变我们心的距离，我依然能够在每时每刻感觉到你的气息。我们在各自的生活轨道上重复着单调的人生，相互聆听着彼此心灵的低语，远远地看着你，感悟着你。流年的风尘在我眼前拉开了帷幕，我看见你正穿着魔鬼的红舞鞋，在旷野里疯跑，我听见舞者的灵魂在呐喊，那孤独的叫声，打湿了我绣花的枕巾。我用我苍白的文字为你点燃希望，我打开心窗，让你在我心的沃野种植梦想。

认识你以后，我不再是一只孤飞的大雁，我知道在远方的异乡，也有一只雁儿在细细地聆听着我的心事，在用心感悟着我生命的精彩。我们用语言点燃起一堆堆篝火，在远隔千山万水的地方彼此慰藉，彼此温暖。生命的旅途中有你深情的注视，我会更加坚强，更加勇敢。在这冷漠的世界里，在这日趋隔膜与生疏的尘世中，能有一个人还能够让你想念，让你牵挂，这样的感觉真好。

如果宿命中注定你还要漂泊很久，那么就让我在你将走过的路上为你种植一路的快乐与阳光。岁月如歌，如歌的岁月里邂逅了你，悄悄地守着那一份默契，悄悄地把美好的感觉深藏在心的一隅，让那份关爱像月光下的水雾，轻轻蔓延，散一路的芬芳，待蓦然回首时，却不管是怎样的曾经，认识你的日子，我心快乐过。轻轻地握着我的手，从此你的世界将不再孤单，相识在秋的斜阳里，守望着命运安排的美丽传奇。不奢望天长地久的永恒，只想说认识你真好！

阳光轻柔地洒在路上，我的心在阳光下幸福而快乐。

小故事

有一个装扮像魔术师的人来到一个村庄，他向迎面而来的妇人说："我有一颗汤石，如果将它放入烧开的水中，会立刻变出美味的汤来，我现在就煮给大家喝。"

这时，有人找了一个大锅子，也有人提了一桶水，并且架上炉子和木材，就在广场煮了起来。这个陌生人很小心地把汤石放入滚烫的锅中，然后用汤匙尝了一口，很兴奋地说："太美味了，如果再加入一点洋葱就更好了。"立刻有人冲回家拿了一堆洋葱。陌生人又尝了一口："太棒了，如果再放些肉片就更香了。"又有一个妇人快速回家端了一盘肉来。"再有一些蔬菜就完美无缺了"。陌生人又建议道。在陌生人的指挥下，有人拿了盐，有人拿了酱油，也有人捧了其他材料，当大家一人一碗蹲在那里享用时，他们发现这真是天底下最美味好喝的汤。

启示：那不过是陌生人在路边随手捡到的一颗石头。其实只要我们愿意，每个人都可以煮出一锅如此美味的汤。当你贡献自己的一份力量时，众志成城，汤石就在每个人的心中。

模块二 团队凝聚

一个团队成立并稳定生存，团队凝聚力是其必要条件。丧失凝聚力的团队，就犹如一盘散沙，难以持续并呈现低效率工作状态。与其相反的是，如果团队凝聚力较强，那么团队成员就会热情高，做事认真，并有不断的创新行为，因此，团队凝聚力也是实现团队目标的重要条件。

活动简介

通过拓展活动"风雨同路"，让同学们懂得集体重要性以及班委的作用和关键性，懂得感恩身边的同学，快速建立班级凝聚力。活动流程如下：

1）集队。
2）规则宣讲、安全提示。
3）拓展活动"风雨同路"。
4）总结分享：活动中有你有需要同伴的帮助吗？活动中为什么没人放弃？活动中什么给了你坚持的力量？

注意事项

1）要求全部同学参加，做好医疗保障及安全教育。
2）活动过程中，要做到绝对的服从。
3）要全心投入，不能轻易放弃。

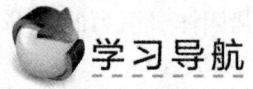 学习导航

一、相关概念

1. 团队凝聚力

团队凝聚力是指团队对成员的吸引力，成员对团队的向心力，以及团队成员之间的相互吸引，团队凝聚力不仅是维持团队存在的必要条件，而且对团队潜能的发挥有很重要的作用。一个团队如果失去了凝聚力，就不可能完成组织赋予的任务，本身也就失去了存在的条件。

2. 战斗力

战胜对手、困难或完成任务的力量、能量。从以上解释可以看出，凝聚力是生成战斗力的前提和基础，没有凝聚力，就谈不上战斗力；战斗力又可以转化为新的凝聚力，二者可以互为因果，形成良性循环。

二、相关资料

1. 团队对所有成员的吸引力

美国社会心理学家 L. 费期汀格认为团队凝聚力是使团体成员停留在团体内的合力，也就是一种人际吸引力。这种吸引力它与力学有一些相同之处，如一个人在玩"流星球"时，流星球就是围绕手这个中心转，不会丢失，手就是中心点，凝聚力的中心点是什么？就是一团队对所有成员的吸引力。这主要表现在三个方面：

（1）团队本身对成员的吸引力

团队的目标方向、组织形态、行业精神、社会位置等适合成员，吸引力就大，反之吸引力就会降低，甚至会使成员厌倦、反感，从而脱离团队。

（2）满足所有成员多种需要的吸引力

团队满足成员个人的各种物质和心理需要,是增强团体吸引力的最重要条件。

(3) 团队内部成员间的吸引力

团队成员利益一致,关系和谐,互相关心、爱护和帮助,吸引力就大;反之,吸引力就小,甚至反感,相互排斥。

中国政商界领导者私人演讲教练柏君先生认为:所谓团队,就是建立在一个相互信任的基础上,在某个阶段为了某一个集中的目标和梦想而前进的一群人。他们立场明确、梦想和目标明确,行动一致、连贯、紧密、互助和互补。所谓凝聚力,是领导凝聚团队的力量,和团队向上凝聚的力量。二者相应互衬。

2. 团队凝聚力的影响因素

(1) 团队成员的组成

团队的规模。团队的规模越大,团队的凝聚力就越低。由于团队规模增大,团队成员间互动的机会和可能性就减小,从而难以形成凝聚力;反之,团队规模越小(一般认为 5~12 人比较合适),团队成员间互动的机会增大,团队成员就越容易融为一体,从而形成更强的凝聚力。

成员的相似性。所谓成员的相似性,是指根据个人档案记录归纳总结的比较明显的个体特征,也包括那些难以观察、对人的行为模式更具决定性影响的深层次因素,如个性、态度、价值观及其他心理因素等,还包括个体内在特性动态集合所产生的总体特征。

成员的相吸性。Newcomb 指出,如果 A 从 B 身上发现了自己喜欢的某种品质特征,如名声和社会地位、愉悦、支持性以及其他令人喜欢的个性特点等,A 会对 B 表示赞美、钦佩,成员间的这种相互吸引,会使得他们愿意在一起共同完成某项任务。

(2) 团队任务

任务目标的一致性。目标一致是形成凝聚力的前提条件。首先,如果团队目标与个体目标是一致的,那么个体就会被团队所吸引;其次,团队建立共同目标的过程往往意味着确立竞争对手或"共同敌人"的过程。有研究表明,"共同敌人"的出现会加强团队内部的认同,也会使团队成员的身份显得更加重要。

目标任务实现过程中的相互依赖程度。如果要实现团队目标需要每个团队成员的共同努力且密切协作完成,则团队成员在行为、情绪和心理上就会与其他成员融为一体,形成合力,于是,团队实现目标的过程也是凝聚力形成的过程;相反,如果目标实现过程中所必须的相互信赖程度低,则不易形成团队凝聚力。

团队任务对成员的吸引力。完成团队任务的活动内容、形式、频率适合成员,吸引力就大;反之,活动不受成员的欢迎,吸引力就会降低,甚至会令成员产生厌倦、反感心理,从而脱离团队。

任务的难度。重复和繁冗的常规任务会带来倦怠并影响团队凝聚力,而以团队为进行单位,具有一定挑战性并经过努力可以达到的任务,这样的任务能够为整个团队带来共同面对压力的经验,完成这类任务,必须要团队成员保持高度一致,齐心协力,这样一个完成任务的过程,也就促进更高凝聚力的形成。

(3) 团队内部管理

领导方式。勒温等人的经典实验比较了在"民主"、"专制"和"放任"这三种领导方式下各实验小组的凝聚力和团队气氛。结果发现,民主型领导方式组比其他组成员之间更友爱,成员相互之间情感更积极,思想更活跃,凝聚力更强。

激励方式。不同的激励因素和激励水平,对成员产生的吸引力也不同。能够促进团队凝聚力的激励因素,主要指能够强化归属感的各种情感因素。每个团队成员都有自己的心理需求,每个人的心理需求各不相同,有些个体有归属于某一团队的需求,有些人则对权利有很高的要求,有些个体有沟通与身份地位的需求,而有些人有自我评价的需求等。团队是否能够持续为其成员提供其所期望的激励,会对团队凝聚力产生重要影响,团队领导者可以在很大程度上影响和控制这类影响团队成员需求的因素。

沟通。成员之间的沟通有利于对团队任务的理解,和即时了解对方的进展情况，从而对自己的工作进行适当调整，以便更好地完成团队任务。在有效沟通的基础上，个体与团队才能维持相互信任，增强对团队的归属感。

规范。团队有无一定的规范，也会影响到团队凝聚力的形成与发展，如果制定有效合宜的团队规范，会在一定程度上约束成员的行为，使成员行为最大程度地指向团队任务。另外高凝聚力的团队一般较易产生共认规范；相反，低凝聚力的团队一般难以形成共认规范。

（4）外部因素

一个团队总是与外界环境不断地发生着交互作用，积极进取的外部环境必然会对团队凝聚力的增强起到正面的促进作用。相反，消极的外部环境则会对团队凝聚力产生负面影响。例如团队间的合理竞争会增强团队凝聚力，当团队之间开展竞争时，各自的团体内部就会产生压力和威胁，迫使所有的成员自觉地团结起来，减少内部分歧。能够忠于自己的团队，维护团队的利益，一致对外，以避免自己的团队受挫、受损。这样，团队成员间的关系就变得密切起来，大家同舟共济，共赴使命，团队的凝聚力也就得以提高与加强。

3. 如何提高公司团队凝聚力

在企业的核心竞争资源中，人力资源是个重要元素，是企业核心竞争力的基础动力之一。如何有效地配置人力资源，最大程度地发挥人力资源优势，成为企业倾情关注的课题。21世纪理性营销时代的到来，使个人英雄无法再在营销舞台上独唱主角，依靠个人力量叱咤风云、劲舞弄潮的日子一去不复返。团队，这个营销时尚名词，开始被越来越多的企业深讨钻研。团队管理，正被纳入企业人力资源管理的治新领域。

拳头伤人之所以要比手指伤人或者巴掌伤人疼的多，因为当拳头攥紧时，整只手上的全部力量都凝聚在拳心，它更强大！如果一支军队能够攻城掠地百战不殆，它最大的特征就应该是人和。在营销领域，一支优秀的经济团队同样如此，强大的凝聚力，成为他们成就梦想创造辉煌的制胜法宝。那么，立足于企业的视角，怎样才能把团队中分散的力量敛聚起来，也就是如何提高团队的凝聚力呢？应该从以下几个方面来谈：

第一、为企业员工规划一个共同的远景展望。企业远景，就是企业的发展和前途，是企业行为的根本目标，是员工信心的基础来源。看得到远方的灯火，脚下的路才开始坚实。船队出海，没有目标的航程，各路船只就要迷失方向，四处漂流。所谓道不同不相为谋，期愿不同展望不同，就谈不上凝聚。企业应该依靠文化建设将员工的价值观和企业的核心价值观统一起来，确保把员工的积极性激活，才能真正实现员工为企业的前程和为自己的前程，团结一致全力以赴。

第二、经营企业如同治理国家，君圣则国兴，主庸则家败。团队有它的核心力量，也就是领导阶层。虎父虎子，强将精兵，一位优秀的领导能成就一支完美的团队。领导是团队的先锋头羊、策划军师、指挥元帅，领导的一言一行甚至一笑一颦都可能对团队产生影响。做事先做人，与其说一支团队能够团结在某位领导身边，不如说这支团队是齐聚在某种人格魅力麾下。作为团队领导，首先把管理的目光投向自己，不间断地规范自己、完善自己和超越自己，树表率、立威信、讲亲和，在团队管理过程中，显得尤为重要。

第三、为员工创造可持续发展的发展环境。企业在追求自身可持续发展的同时，也要兼顾员工的可持续发展。著名的马斯洛理论把人的需求划分为三个层次：生存需求、关系需求和成长需求。为了控制团队力量的流失，这就要求企业为员工提供一套完善的激励培训机制，营造良好的学习与提高的氛围，帮助员工实现自我成长，实现价值追求。企业的培训应该联系企业文化，着眼于细微之处，融入于生活之中，从做人点滴到做事精要，从理论到实践，全方位多角度的展开，培养员工的归宿感、使命感。而员工的全面成长，也将为企业发展储备强大后续动力，推动企业现代化管理步入良性循环的轨道。

第四、深化内部分工，标树外部强敌。很多企业过分强调职权晋升，以此激发员工上进心，催化员工积极性，却一不留神产生误导，人为制造了内部矛盾，无法沟通调和，要么忍痛割爱，要么坐观矛盾激化，结果都是团队溃散，企业收拾尴尬残局。可谓处心积虑，功亏一篑。其实，理智的企业引导，必须要员工清楚：真正的竞争来自外部，员工应该加强危机意识——企业自身若得不到稳定的发展，就不能满足员工的各种期望；只有团队内部上下同心、协调一致，争取到企业的功绩，才留有个人的空间。同时，企业要建立一整套公正合理的考核体系，充分评估员工的优、缺、能、短，准确分工，以人适其位人尽其责为原则，把平等、合作作为理念，深拢人心，建设一支默契团队。

第五、保持团队的清洁。肿瘤最可怕之处在于它不休的扩散。我们常常看到一些原本俊俏的团队，由于少数不安分成员的存在，变得横眉竖眼、面目全非。我们称之为"团队垃圾现象"。任何团队都无力保证永远只吸纳德才兼备者入围，"垃圾"的滋生不容易避免，而能否迅速的清除"垃圾"就成了团队成败的制约因素。企业用人之道，宜以德为本，讲究量身定做，品行称先。对待个人主义、消极思想者，可及时警告，善利善导，仍不能促其矫正，则予以淘汰；而对待拥有不良品质者，则立刻开除队伍，绝无姑息余地。

远景、领导、培训、分工、淘汰，企业在把握这些要素时，需要注意细节，微观管理，吸点滴汇江河，以积累见实效，凭缜密胜全局，吸引团队的凝聚，将昭示伟大的胜利。

三、案例阅读

狼的团队精神

狼过着群居生活，一般七匹为一群，每一匹都要为群体的繁荣与发展承担一份责任。狼与狼之间的默契配合成为狼成功的决定性因素。不管做任何事情，它们总能依靠团体的力量去完成。狼的耐心总是令人惊奇，它们可以为一个目标耗费相当长的时间而丝毫不觉厌烦。敏锐的观察力、专一的目标、默契的配合、好奇心、注意细节以及锲而不舍的耐心使狼总能获得成功。狼的态度很单纯，那就是对成功坚定不移地向往。在狼的生命中，没有什么可以替代锲而不舍的精神，正因为它才使得狼得以千辛万苦地生存下来。狼群的凝聚力、团队精神和训练成为决定它们生死存亡的决定性因素。因此狼群很少真正受到其他动物的威胁。狼驾驭变化的能力使它们成为地球上生命力最顽强的动物之一。

　　默契配合是狼群成功的决定性因素。多么壮丽的场面！广阔无垠的旷野上，一群狼踏着积雪寻找猎物。它们最常用的一种行进方法是单列行进，一匹挨一匹。领头狼的体力消耗最大。作为开路先锋，它在松软的雪地上率先冲开一条小路，以便让后边的狼保存体力。领头狼累了时，便会让到一边，让紧跟在身后的那匹狼接替它的位置。这样它就可以跟在队尾，轻松一下。在一对头狼夫妇的带领下，狼群中每一匹狼要为了群体的幸福承担一份责任。比如，在母头狼产下一窝幼崽后，通常会有一位"叔叔"担当起"总保姆"的工作，这样母头狼就可以暂时摆脱当母亲的责任，和公头狼去进行"蜜月狩猎"。狼群中每个成员都不希望做固定的猎手、保姆或哨兵——不过，每一匹狼都在扮演着至关重要的角色，早在与成年狼嬉闹玩耍时，狼崽们就被耐心地训练出狼的主动承担性。它们这样做是因为生存需要形成的本能。成功的团体和幸福的家庭也因如此。每位成员不仅要承担自己的义务，还要准备随时承担起更大的责任。一个团体的生命很可能就维系于此。

　　狼不仅与同类密切合作，还可以与其他种类的生物和睦相处。这样做的目的是为了达到双方合意的目标，有时就单是为了好玩儿。乌鸦就是一个例子。乌鸦富有空间观察的经验，当它发现一个受伤或死掉的猎物时，通常会像报信者一样，把狼和其他乌鸦叫到现场。狼可以撕开猎物的尸体，于是就为大家提供了足够享用几天的美食。狼有时会闹着玩地扑向狡猾的乌鸦，乌鸦则会在狼进食的时候啄它的屁股。两种动物不仅能和平相处，而且很显然它们之间存在着依据大自然的效率法则和数千年的经验逐渐形成的错综复杂的合作关系。狼与狼之间的默契配合成为狼成功的决定性因素。同样，它们与其他动物之间的默契配合也有助于改善两者的生活环境。

狼故事的小结：合作、团结、耐力、执著、拼搏、和谐共生、忠诚！

狼的十大处世哲学

- 卧薪尝胆：狼不会为了所谓的尊严在自己弱小时攻击比自己强大的东西。
- 众狼一心：狼如果不得不面对比自己强大的东西，必群而攻之。
- 自知之明：狼也很想当兽王，但狼知道自己是狼不是老虎。
- 顺水行舟：狼知道如何用最小的代价，换取最大的回报。
- 同进同退：狼虽然通常独自活动，但狼却是最团结的动物，你不会发现有哪只狼在同伴受伤时独自逃走。
- 表里如一：狼也很想当一个善良的动物，但狼也知道自己的胃只能消化肉，所以狼唯一能做的只有干干净净的吃掉每次猎物。
- 知己知彼：狼尊重每个对手，狼在每次攻击前都会去了解对手，而不会轻视它，所以狼一生的攻击很少失误。
- 狼亦钟情：公狼会在母狼怀孕后，一直保护母狼，直到小狼有独立能力。
- 授狼以渔：母狼会在小狼有独立能力的时候坚决离开它，因为母狼知道，如果当不成狼，就只能当羊了。
- 自由可贵：狼不会为了嗟来之食而不顾尊严的向主人摇头晃尾。因为狼知道，绝不可有傲气，但不可无傲骨，所以狼有时也会独自哼哼自由歌。

模块三　团队合作

俗话说"一个和尚挑水喝,两个和尚抬水喝,三个和尚没水喝。一只蚂蚁来搬米,搬来搬去搬不起;两只蚂蚁来搬米,身体晃来又晃去;三只蚂蚁来搬米,轻轻抬着进洞里。"上面这两种说法有截然不同的结果。"三个和尚"是一个团体,可是他们没水喝是因为互相推诿、不讲协作;"三只蚂蚁来搬米"之所以能"轻轻抬着进洞里",正是团结协作的结果。

活动简介

按要求全班同学完成"穿越黑洞"任务。活动流程如下:

活动一:

1)集体热身活动。

2)规则宣讲、安全提示。

3)拓展活动"穿越黑洞"。

4)总结分享:我尽力了吗?怎样才能完成任务?领导重要吗?谁承担了责任?

活动二:

通过团队建设、团队凝聚,同学们对集体有所认同。在此基础上,进行班级文化建设,如制定具有班级特色的班歌、班徽、班级口号、班级目标、班规等。

注意事项

1）必须坚持到底，注意安全。

2）必须全体参与，一个都不能少。

一、相关概念

1. 团队精神

所谓团队精神，简单来说就是大局意识、协作精神和服务精神的集中体现。团队精神的基础是尊重个人的兴趣和成就。核心是协同合作，最高境界是全体成员的向心力、凝聚力，反映的是个体利益和整体利益的统一，并进而保证组织的高效率运转。挥洒个性、表现特长保证了成员共同完成任务目标，而明确的协作意愿和协作方式则产生了真正的内心动力。团队精神是组织文化的一部分。

2. 团队合作

团队合作指的是一群有能力，有信念的人在特定的团队中，为了一个共同的目标相互支持合作奋斗的过程。它可以调动团队成员的所有资源和才智，并且会自动地驱除所有不和谐和不公正现象，同时会给予那些诚心、大公无私的奉献者适当的回报。如果团队合作是出于自觉自愿时，它必将会产生一股强大而且持久的力量。

二、相关资料

1. 团队合作的表现

1）成员密切合作，配合默契，共同决策和与他人协商；
2）决策之前听取相关意见，把手头的任务和别人的意见联系起来；
3）在变化的环境中担任各种角色；
4）经常评估团队的有效性和本人在团队中的长处和短处。

2. 团队合作能力从初级到高级的具体行为表现

（1）团队合作能力等级Ⅰ

• 尊重其他团队成员，努力使自己融入团队之中；

• 将个人努力与实现团队目标结合起来，完成自己在团队中的任务，以实际工作支持团队的决定，成为可靠的团队成员；

• 为完成工作和团队成员进行非正式的讨论，在团队决策时提出自己的建议及理由，尊重、认同上级认为是重要的事情并执行其相关决策；

• 作为团队一员，随时告知其他成员有关团队活动、个人行动和重要的事件，共享有关的信息；

• 认识到团队成员的不同特点，并且把它作为可以接触、学习知识与获取信息的机会。

（2）团队合作能力等级Ⅱ

• 根据工作需要组建小型团队，营造开放、包容和互相支持的气氛，加强集体向心力；

• 为团队成员示范所期望的行为，并采用各种方式来提高团队的士气和改进团队的工作效率。确保团队任务的及时完成；

• 明确有碍于达成团队目标的因素，并试图排除这些障碍；

• 鼓励团队成员参加团队讨论与团队决定，倡导团队内部的沟通和合作，以推进团队目标设定与问题的解决；

• 指导其他成员的工作，对其他团队成员的能力和贡献抱着积极的态度，用积极的口吻评价团队成员；

• 能够利用正式或非正式的沟通渠道及现有的信息系统在团队内部进行知识和信息的交流与共享。

（3）团队合作能力等级Ⅲ

- 根据组织的战略目标来确定团队建设的目标、规模及责任，在全体团队成员中促成理解、达成共识，并得以贯彻实施；
- 确保团队的需要得到满足，为团队争取所需要的各种资源，如人力、物力、财力或有关信息等；
- 确保团队成员之间能力和知识的互补，在分配团队任务的时候，既能照顾到员工的发展，又能实现团队的目标；
- 化解团队中的冲突，维护和加强团队的名誉；
- 通过团队内有效合作及适当的竞争提高团队的整体绩效。

（4）团队合作能力等级Ⅳ
- 具有个人魅力和领导气质，能够指出组织或团队的发展方向和目标，使团队成员充满工作激情，愿意为团队目标的实现竭尽全力；
- 对团队成员有全面的认识，有效地应用群体运作机制，从而引导一个群体实现团队目标；
- 有目的地创建互相依赖的团体合作精神，在团队间合理有效地调配资源，加强不同目标和背景的团队之间的配合，以促成组织整体业务目标的实现；
- 采取行动在组织中营造精诚合作与公平竞争的氛围；
- 通过各种手段，如设计团队标志等，塑造健康优秀的团队形象，使组织或团队能被外界或有关组织认同和推崇。

3. 了解团队合作的技巧

（1）遵守团队制度

团队各项制度的规定主要是为了防止效率低下和个人惰性的滋生。在制度模式下，由于利益的潜在诱导，必然影响到人们在行为时的选择；而制度特有的对于权利义务的明确界定，使得制度具备了有效阻遏惰性的功能。

团队在运作过程中，如果采取自由散兵游勇式的模式，可以想象我们为了维护团队正常的工作，需要付出多么大的成本！但幸好企业发展的经验，已经为我们提供了绝好的管理方法，即建立团队的制度来作为团队的指南。通过制度，团队的发展将变得有章可循，队员在进行行为选择时，也将拥有明确的理性预期，而团队的管理也将节省一大笔资金。此外，员工只有了解团队的制度，熟悉团队的规划，才能使自己与团队的节奏保持一致，从而使整个团队发挥其最大效能。

（2）营造民主气氛

一个团队如果缺少民主氛围时，那么这个团队就会死气沉沉，没有一点活力。营造民主气氛，团队领导起到了关键作用。但作为团队中的一员，你有权利也有义务就团队事务发表自己的看法。设想一下你是否满意目前你所在团队的氛围，你是否觉得自己状态良好，而且潜能得到了发挥？

如果你对你的团队的氛围还比较满意，那么你一定要积极地投入到你的团队中去，主动地参与团队的各种活动，热情地帮助你的队友，但也要注意不要越俎代庖，干涉别人的事务！如果你对你的团队的不民主的作风非常反感，建议你主动去找团队的领导就此进行沟通，注意态度一定要诚恳，要本着促进团队发展的心态和合作的理念去沟通，否则，演变成团队的内讧就事与愿违了。如果你在试着跟团队的领导沟通时，你的意见被忽视或者被嗤之以鼻，那么，为了你的发展，你最好还是离开该团队，否则你的才能发挥会受到很大限制而且你工作也不会顺心。

（3）和队友建立亲密朋友关系

虽然不少人都认为，在同事之间不可能存在真正的友谊。其实不然，要知道没有任何人可以将工作与私人的关系分得一清二楚，所以，当你与你的同事建立起亲密的私人关系时，这种个人之间的良好关系会潜移默化地对团队的发展起到重大作用，更为重要的是，当你与你的队友、领导建立起了良好的私人关系时，你将发现：融入团队，并不是一件难事！而如果你固执认为同事间总是为了利益而相互倾轧，因而将自己封闭起来不与同事进行沟通，那么你的团队合作关系可能就不会朝良性方向发展。千万不要认为工作和私人是两码事，为了更好地与团队合作，最好能试着与同事建立亲密的私人关系。

三、案例阅读

西游记——唐僧团队

《西游记》中的唐僧团队，虽然是虚拟的，但是师徒历经百险求取真经的故事，不仅家喻户晓，而且是中国文化的集中代表。这个团队最大的好处就是互补性，领导有权威、有目标，但能力差点；员工有能力，但是自我约束力差，目标不够明确，有时还会开小差。但是总的来看，这个团队是个非常成功的团队，虽然历经九九八十一磨难，但最后修成了正果。很多总裁、领导都非常欣赏唐僧团队，阿里巴巴的总裁马云，就非常欣赏唐僧团队，认为一个理想的团队就应该有这四种角色。一个坚强的团队，基本上要有四种人：德者、能者、智者、劳者。德者领导团队，能者攻克难关，智者出谋划策，劳者执行有力。

德者居上——唐僧是一个目标坚定、品德高尚的人，他受唐王之命，去西天求取真经，以普渡众生，广播善缘。要说降妖伏魔的本领，他连最差的白龙马都赶不上，但为什么他能够担任西天取经如此大任的团队领导？关键在于唐僧有三大领导素质：第一，目标明确、善定愿景。作为一个团队领导，能够为团队设定前进目标，描绘未来美好生活是必要素质。领导如果不会制定目标，肯定是个糟糕的领导。唐僧从一开始，就为这个团队设定了西天取经的目标，而且历经磨难，从不动摇。一个企业，也应选择这样的人做领导，团队的领导本身就是企业文化的传承者和传播者，只有他自己坚定不移地信奉公司的文化，以身作则，才能更好地实现团队的目标。第二，手握紧箍，以权制人。如果唐僧没有紧箍咒，估计早被孙悟空一棒打死，或者使唤不动他。这也是一个领导的必备技能，一定要树立自己的权威，没有权威，也就无法成为领导。但是唐僧从来不滥用自己的权力，只有在大是大非的时候，才动用自己的惩罚权，这对企业领导也是有借鉴意义的，组织赋予的惩罚权千万不要滥用，奖励胜于惩罚，这是领导艺术的基本原理。第三，以情感人，以德化人。最初的时候，孙悟空并不尊重唐僧，老觉得这个师傅肉眼凡胎、不识好歹，但是在历经艰险后，唐僧的执着、善良和对自己的关心也感化了孙悟空，让他死心塌地保护唐僧。作为一个团队领导，情感管理也是非常重要的，尤其在中国文化的大背景下。中国人往往是做生意先交朋友，先认可人，再认可事，对事情的判断主观性比较大。所以在塑造团队精神的时候，领导一定要学会进行情感投资，要多与下属交流、沟通，关心团队成员的衣食住行，塑造一种家庭的氛围。总的来说，作为企业领导，要用人为能，攻心为上。目光如炬，明察秋毫，洞若观火，高瞻远瞩，有眼光就不会犯方向性的错误。

能者居前——孙悟空可称得上是老板最喜欢的职业经理人，之所以说老板最喜欢，不是因为孙悟空没缺点、很优秀，而是因为他能力很强，但有缺点。这才是老板最应该用的人才，为什么？假设一个人能力很强，人缘很好，理想又很远大，这样的人往往不甘人下，或者直逼领导位子，或者很容易另起炉灶。孙悟空有个性、有想法、执行力很强，也很敬业、重感情，懂得知恩图报，是个非常优秀的人才。但这样的人才如何才能留住他，如何提升他的忠诚度，这要靠领导艺术，靠企业的文化。在《西游记》中，孙悟空被唐僧赶走过两次，第一次是刚刚认识不久，孙悟空打死了几个强盗，遭到唐僧斥责，结果孙悟空一生气，自己走了，但后来在东海龙王那里，看了一幅画，说的是张良三次为黄石老人桥下拾鞋，谦恭有礼，后被黄石老人授于天书，成就了张良传世伟业的故事。老龙王说："你若不保唐僧，不尽勤劳，不受教诲，到底是个妖仙，休想得成正果"，孙悟空一盘算，觉得有道理，自己被唐僧搭救，而且还可以变妖为仙，自己怎么能这么轻率地就走了呢？所以后来他又回到了唐僧身边。第二次被赶走是三打白骨精后，唐僧决意不能留他，悟空无奈，只好离去，但"止不住腮边泪坠，停云住步，良久方去"，但已经心系唐僧，一听说师傅有难，马上不计前嫌，重新回到团队中去，还要在东海里沐浴一下，生怕师傅嫌他。唐僧用什么方法让孙悟空这么死心塌地？首先得有规矩，得有紧箍咒。同样的，企业的制度也要有权威，制度的执行一定要严格，不管刚

融入组织

开始推行的时候有多少阻力，但只要坚决执行下去，逐渐就会形成一种氛围与文化，让大家自觉地去遵守。但制度的力量是有限的，制度只能让员工不犯错，但要让员工有凝聚力，与企业同心同德，还要靠情感，唐僧就是靠他的情感管理，用他的执着和人品感化了孙悟空。没有修成正果的目标和愿景，孙悟空也许中途就回去了；没有师徒的情分，估计孙悟空也不会这么卖命；当然，如果没有偶尔的紧箍咒，也许悟空早酿成大错。但孙悟空这样的员工只能是一个好员工，不能成为一个好领导，什么意思呢？孙悟空最大的乐趣是降妖伏魔，常说"抓几个妖怪玩玩"，这是一种工作狂的表现，他不近女色、不恋钱财、不惧劳苦，在降妖伏魔中找到了无限的乐趣。但是他天性顽皮、直言不讳，经常把玉皇大帝、各大神仙都不放到眼里，注定他无法成为一个卓越的领导。但作为一个团队的成员，有了唐僧，就不需要孙悟空有领导能力，否则唐僧的地位肯定要受到动摇。这也就是为什么团队成员的选择要非常慎重，要能够优势互补、能力互补、个性互补。孙悟空的另外一个缺点就是爱卖弄，有了业绩也就在别人面前显示显示，而且得理不让人，这显然也影响了他继续发展的可能。作为一个领导，一定要非常清楚下属的优缺点，量才而用，人尽其才。

智者在侧——猪八戒是个什么样的员工？从好的方面看，他虽然总是开小差，吃的多、做的少，时时不忘香食美女，但是在大是大非上，立场还是比较坚定，从不与妖精退让妥协，打起妖怪来也不心慈手软；生活上能够随遇而安，工资待遇要求少，有的吃就行，甭管什么东西，而且容易满足，最后被佛祖封了个净坛使者，是个受用贡品的闲职，但他非常高兴，说"还是佛祖向着我"。更为重要的是，他成为西天枯燥旅途的开心果，孙悟空不开心了，就拿他耍耍，有些脏累差的活，都交给他，他虽有怨言，但也能完成。如果没有猪八戒，这个旅途还真无聊。另外，猪八戒的另外一个优点就是对唐僧非常的尊敬，孙悟空有不对的地方，他都直言不讳，从某种程度上也增加了唐僧作为领导的协调和管理作用。从不好的方面看，他经常搬弄是非，背后打小报告。另外，在忠诚度方面也差，尤其是刚加入取经团队的时候，动不动就要散伙走人，回高老庄娶媳妇，一点佛心都没有，而且影响了团队的团结和睦。之所以说猪八戒是个智者，完全是站在当今社会的角度。现代社会，员工的压力都很大，如何做一个快乐的人，就要用到猪八戒的人生哲学了。当然，八戒的人生哲学，只是我们在遇到挫折失败时候的一种自我解脱，不能成为自己的主流价值观。首先，不要过于强求。佛曰：人有七苦：生、老、病、死、怨憎、别离、求不得。每一种苦都让我们伤心欲碎，但我们能否就此一蹶不振呢？当然不能，这就要学习猪八戒的处世哲学了。八戒由仙贬妖，而且还成了猪妖，可谓人生不顺，但他过得很快乐。经理人有时在职位、薪酬等个人发展上不得志，是难免的，要学会解脱，不要过于强求，这是人生一大智慧。其次，不要过于压抑。经理人压力大，上有领导，下有员工，外有工作，内有家庭。工作、生活，有的还要边读书，供房、买车，中国人的压力本来就比较大，所以要学会自己找乐。八戒压抑不压抑？不但没了老婆，自从跟了师傅，就没吃饱过。但八戒很厉害，见人参果就吃，见美女就泡，见妖怪就打，见地方就睡，这叫活得洒脱。不要过于压抑，是人生的一大智慧。有人做过统计，现代女性最想找的老公是猪八戒型的，道理很简单，唐僧太古板，没情调；悟空太机灵，没安全感；只有八戒又幽默，又有情调，还比较实际，是个理想的老公。

　　劳者居下——如果唐僧这个团队只有他和悟空、八戒三个人，那还是有问题，唐僧只知发号施令，无法推行；悟空只知降妖伏魔、不做小事；八戒只知打打下手、粗心大意；那担子谁挑、马谁喂、后勤谁管？可见一个团队，各种人才都要有。沙和尚是个很好的管家，任劳任怨，心细如丝。他经常站在悟空的一面说服唐僧，但当悟空有了不敬的言语，他又马上跳出来斥责悟空，护卫师傅，可谓是忠心耿耿。企业对于这样的人，一定要给予恰当的位置，如行政、人事、质量管理、客户服务等方面。沙和尚忠心耿耿，他是唐僧最信任的人，是老板的心腹，但属于那种有忠诚度但能力欠缺的人才，老板喜欢用，但如果重用、大用，就会出问题。许多企业和团队之所以失败，往往坏在沙僧这类角色上，因为是老板的心腹，他们就会得到相当高的权力、地位，但由于能力有限，又无法担当重任，

融入组织

所以往往会造成企业的重大战略决策失误。总的来说，唐僧团队之所以能取得如此辉煌的成就，关键在于这个团队的成员能够优势互补、目标统一，每个人都能发挥自己的效用，所以形成了一个越来越坚强的团队。

主题一　团队建设

图片荟萃

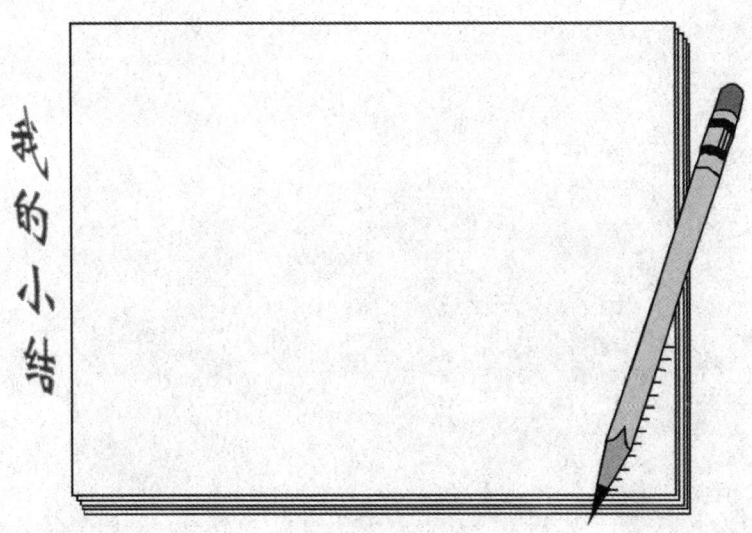

我的小结

主题二 环境适应

主题引入

人的整个历史也无非是人类本性不断改变而已。

——马克思

环境是客观存在，多变的环境不会以个人的意愿而改变。只有改变和调节自身，来适应赖以生活的社会环境，从而实现自我，获得自身存在的价值。因此学会适应，是个体生存和发展的前提，是人生的必修课。

第一次离家远行的入学旅程，是新生独立处理事情的开始。入校后能否迅速地了解和熟悉校园环境，将决定新生能否在这个环境中自如的生活、学习。

本主题旨在引导同学们学会迅速了解、适应、熟悉和融入学校，在此过程中培养学生的环境适应能力。同学们，你们准备好了吗！

课前准备

准备项目	准备内容和要求
礼仪准备	不迟到、早退；不可穿拖鞋；主动向老师问好等
课堂准备	教室卫生干净、明亮；帮助老师擦黑板；手机调成振动或关机等
主题准备	学习资料、团队任务准备、签字笔、学材

我的团队

组　名				
口　号				
我的角色		人　数		组　长
团队成员				

主题二 环境适应

模块一 校园攻略

我刚来到这里……

这里没有我的好朋友……

我从来没有离开家人独自生活过……

这里的管理模式和我以前的学校不一样……

我该怎么办？！

活动简介

编著《校园攻略》。要求如下。

1.《×× 校园攻略》包含三个章节

（1）第一章 活在 ××（校名）

• 第一节 食在 ××：食堂、商店及周边食肆供应菜式、价格、卫生、经营时间等。

• 第二节 住在 ××：宿舍规章制度。

• 第三节 行在 ××：学校平面图、学校周边交通、出行最省钱。

• 第四节 医在 ××：医疗机构、就医方式、尽享医保。

(2) 第二章　玩在××
- 第一节　××社团：校园社团种类、参团方式、社团活动。
- 第二节　××运动：运动项目、场地、设施。

(3) 第三章　学在××
- 第一节　××课堂：课堂学习时间、规章制度。
- 第二节　××资信：图书资信、网络资信。

2. 各团队以自由竞选方式认领任务，组内分工，课余时间完成资料收集、整理，并编撰成图书形式稿件。

3. 组内编辑与其他团队编辑将各团队稿件组合，装订成册。

4.《校园攻略展示》，评选"我心目中最优秀的团队"。

- 第三节　××娱乐：娱乐项目、参与方式、交通、票务。

注意事项

1) 分工时注意"人用其能"。

2) 在完成任务的同时不影响到正常班级的上课秩序。

3) 在调查活动中要注意自己的文明礼貌用语，注意个人和团队的人身安全。

4) 要充分发挥团队的作用，调动每个人的积极性。

学习导航

一、相关概念

1. 环境

影响生物机体生命、发展与生存的所有外部条件的总体。是指围绕着某一事物（通常称其为主体）并对该事物会产生某些影响的所有外界事物（通常称其为客体），即环境是指相对并相关于某项中心事物的周围事物。

2. 适应

适应是指个体通过调整自身使其个人需要能够在环境中得到满足的过程，是自我与环境和谐统一的一种良好生存状态。

一般来讲，适应有两层含义：一是指个体与环境相互作用中发生改变的过程，是相互作用，改变是双方的。但环境的力量太强大，个人操纵环境的能力太有限，在这种情况下，个人只能依靠调整自己来适应环境。——"接受我们所不能改变的，改变我们所能改变的"；二是个人与环境的关系的一种状态，一种和谐、协调、相宜相适的状态。

3. 积极适应

积极适应是健康的适应，有两种含义：一是改变自己以顺应环境或顺应环境中的某些变革；二是不断地抗争和选择，从一个目标走向另一个目标，这是发展性适应。

4. 消极适应

消极适应是不健康的适应，以牺牲个体的发展为代价，甚至会导致某些不同程度的心理问题或疾病。

二、相关资料

1. 熟悉新环境的方法：认真看、用心听、积极问

（1）看什么——眼观六路（全方位）

①新环境的设施/硬件设备。

②新环境有关的规章制度。

③新环境人员的精神面貌。

（2）听什么——耳听八方（多样化）

①新环境的历史或具体的情况、典故。

②新环境上级的指令。

③新环境同伴的指导。

(3) 问什么？——虚心请教（针对性）

①个人角色、工作的内容和职责。

②执行标准。

③自己不懂的内容。

2. 如何熟悉新工作环境

(1) 事前准备、确认上班路线

首先要尽可能搜集与公司相关的情报。如分公司、组织结构、详细业务内容等。转换工作应该留一些喘息的时间，将情绪和心态调整好，才不会将以前公司的坏习惯带到新的工作岗位上。一定事先确认上班交通的路线安排好才不会手忙脚乱。

(2) 确定着装风格

尽量先了解该公司员工的穿着风格，不要穿与公司风格格格不入的衣服去上班。先拟好自我介绍的大纲，并记住。刚进公司不可能马上认识所有的同仁，不过还是要先跟人家打招呼，这是沟通的第一步，等到别人跟你搭讪就太迟了。

(3) 了解工作职责

刚进公司的第二天，好好观察办公室的气氛和一天的工作流程。知己知彼，才能适应顺利。了解部门里每个人的职责和工作内容是很重要的。对公司有任何疑问或不懂的地方，一定要开口问，可别闷着头做事。询问的对象若是比自己年轻的同事，也别太随便，要注意礼貌。把握接电话的机会。借着接听电话，可以让人比较强烈地感受到你的存在。而对工作的内容、特征及往来的客户也能有所了解。

(4) 三天到一个星期内进入工作状态

对于传票、文件的书写方式、电脑的操作方法及工作职责，要尽快熟悉。为了让自己能更容易进入状态，多帮别人忙是个不错的方式。

(5) 第二个星期把握工作流程

确认工作上要使用的专业用语都已经熟记，若有不懂的部分一定要问。除了自己所属的部门，也要尽力去了解其他部门的工作性质及往来的客户。尤其对于刚参加工作或跨行业转职的人而言，在第一个月的时候，最需要将有关的业务知识彻底研读。或许会觉得很吃力，但这绝对是必要的。

(6) 第四个星期争取工作独立

三、案例阅读

深海里的氧气

谁都知道，深海里氧气稀薄，但为了生存，很多动物不得不根据深海里的环境来进化自己：它们尽量减少活动或者干脆不动，长期蛰伏在一处，以减少身体对氧气的需求。所以尽管深海里环境恶劣，但还是有不少动物顽强地生存了下来。最近美国的一家海湾水族馆研究所，由克雷格·麦克莱恩领导的一项研究却发现，生活在深海里的动物渐渐减少的原因，居然不是因为氧气的减少而是因为氧气的增多。

在南加州海域，就因为移植了大量含氧海藻，而导致了许多深海动物的消失。人们以为含氧海藻能够改善深海动物的生存环境，没想到，反而害了那些动物。因为含氧海藻是一种能够制造氧气的深海植物，是普通海藻造氧量的100倍。

照理来说，增加了氧气的深海对鱼类应该是一件有益的事，可是因为千百年来，那些长期蛰伏于一处不动的深海动物，已经适应了缺氧的环境，突然有新鲜的氧气注入，便容易产生氧气中毒。不被氧气中毒的方法只有一个，那就是迅速改变原有的生活习惯，改静止为动态。只有不停地游动，才能够加速呼吸，让过量的氧气排出体外，这样，过量的氧气不但对它们构成不了威胁，反而会让它们更加具有活力。

所以，生活在深海中的动物很快便会分为两种：一种因为无法改变自己原有的"懒散"的生活习性而变得无所适从,甚至被"淘汰"了生命;而另一种则一改往日的静止而快速行动起来,因为适应了由大量氧气注入的新环境而变得"如鱼得水"。

克雷格·麦克莱恩最后得出结论:不是氧气害了那些深海动物,而是它们自己的懒惰习性。

新生适应不良综合征

广州某大学一名入学仅一周的新生,因"饭菜不合胃口、不能忍受这种生活",从学校的七楼纵身跳下,当场殒命。他的一名同学回忆说,跳楼前他曾经抱怨"饭菜不合胃口,衣服也不会洗,不太适应这种生活"。其父母特意从老家来到学校,准备在附近租套房子陪读。和儿子一起吃晚饭时,她告诉儿子,因租金太贵,她不在附近租房子了,但会每天从番禺的家里做好饭菜送过来。当时儿子十分失望,吃完饭后,儿子说要回宿舍。到了晚上就出事了。

分析:入学后许多新生在较长一段时间内不能很好地适应学校的新环境,由此引起的心理上的焦虑感、罪恶感、疲倦感、烦乱感、无聊感、无用感、和行为上的不良症状,这种现象被称为"新生适应不良综合征"。

适应障碍

小梁(化名)是个自尊心极强又多愁善感的男孩,虽不是非常聪明但凭着自己的刻苦努力,在班级的成绩一直名列前茅。经过高考的拼杀,他带着良好的感觉进入大学校园之后,突然发觉自己站在"山顶"的感觉没有了。在高手如云的集体内,昔日那种"鹤立鸡群"的优越感已荡然无存,"众星捧月"的地位变了,升入大学后不久的一次新生摸底考试竟然还不及格,自信心突然坍塌。一个学期过去了,学习越来越吃力,他对自己越来越没信心,成绩也越来越差,生活变得没有规律,食欲不振,经常失眠,到后来竟然想退学。

分析:其实,小梁患的是一种称为适应障碍的心理疾病,其特点是存在长期的不良刺激或对环境的难以适应。主要表现为情绪障碍：烦恼、抑郁。一般来说，能挤过高考独木桥、考上大学的同学，在高中阶段都是学习的佼佼者。老师的青睐，同学们的羡慕，使他们成为同龄人的中心，无形中可能会产生某种过高的自我评价。进入大学后，全国各地成绩优异的佼佼者汇集一堂，相比之下，很多新生会发现自己显得比较平常，成绩比自己更优异的同学比比皆是。这一突然的变化使一些新生措手不及，无法接受理想自我和现实自我之间的巨大差距，一种失落感便袭上心头，一些学生甚至产生强烈的自卑感，开始怀疑自己的能力。

模块二　校园融入

结识了很多新同学，我能和他们相处得好吗？
我有点小洁癖，宿舍的人会觉得我各色，讨厌我吧？
又胖又笨的我都没有同学们跟我玩，我觉得好孤单！
老师讲的我都听不懂，老师一定不喜欢我吧？

活动简介

1. 各团队以抽签方式认领任务，讨论案例，诊断案例中主人公出现环境适应问题的原因。
2. 为其打造适合的解决问题的方法。
3. 用多媒体辅助，讲解自己团队的成果。

注意事项

1. 在完成任务时态度应客观、认真。
2. 注意演绎方式要健康积极向上。
3. 要充分发挥团队的作用，调动每个人的积极性。

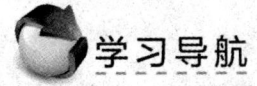 学习导航

一、相关概念

融入：融合、汇入，全身心的投入其中。

二、相关资料

1. 环境变化

进入新学校，生活环境、学习环境、人际关系、管理环境发生变化，随着生活范围、生活领域大拓展，生活方式、生活习惯、饮食作息习惯、卫生等发生变化。随着培养目标改变，教学方式由"教"为主变为"学"为主；保姆式、警察式管理模式变为自主管理模式。

2. 角色变化

角色：通常指社会角色是个体与其社会地位、身份相一致的行为模式、心理状态以及相应的权利和义务。它对特定地位的个体行为的期待，是社会群体得以形成的基础。

新环境就像演员接了一部新戏，扮演新的角色，要演好戏，演员必须从过去的角色中走出来，融入新角色。戏剧虽不能完全等同于环境，但也有异曲同工之处，所以我们要适应新环境，就必须尽快完成新旧角色的转换，扮演好新的角色。角色扮演过程包含角色期待、角色领悟、角色实践三个要素。

角色期待：首先是社会对角色的期待，即社会公众对其行为方式的要求与期望。如果偏离就要招致异议和反对。

角色领悟：自己对角色的认识和理解。个体往往根据他人的期待不断调整自己的行为，塑造自己。

角色实践：在角色期待和角色领悟的基础上，个体实际在社会生活中

表现其社会角色的过程。

3. 新生的适应障碍（角色转换障碍）

角色固恋：没有认同自己在新环境的角色，没有形成适应新环境的心理机制，是一种角色认同障碍。例如，思想、行为、学习方式等都停留在中学生。日常生活管理还依恋父母。

角色混乱：不知如何定位，对未来方向彷徨迷惑，不知所措没有确定的目标……自己感受到自己角色的改变，但不能确定自己的角色行为，角色混乱在思想上处于迷茫和困惑中，有强烈的不安全感和不确定性，甚至"找不到自己了"。例如，有个学生是学生会舍务部干部，可他跟室友关系紧张，他不在时，寝室的同学都有说有笑，他一回寝室大家

就各自回到自己的床上去，各干各的……他为此很烦恼，有种被孤立的感觉。为什么会发生这样的事情呢？后来了解才知道，他回到寝室还像他在学生会工作时一样的态度和行为。这个同学就是角色混乱。

角色失败：退学、上网、夜不归寝。是最严重的一种情形，往往给个人造成重大打击，给个人带来不利影响。一个角色的失败，并不是就代表这个人就一无是处，如爱因斯坦"学生"这一角色就是失败的，但他依然成为了伟大的发明家。

4. 适应不良的表现

失望与迷惘（理想与现实）、自卑与怀疑（自我评价失调）、孤独与压抑（人际关系）、空虚与忙乱（时间安排不当）、拮据与尴尬（物质需要的剧增）、自轻与自弃（对自我认识偏颇）。

5. 调适方法

（1）熟悉新的学校内部和周边环境，尽快融入新生活。

（2）正确的自我评价，正确认识自己，明晰自己的角色，角色特性，不要高估自己，也不要死守成就，不要把自己贬得一文不值，以平常心分

析自己，分析环境，找到自己的成长点，创造丰富的生活。

（3）培养独立生活的能力。独立生活能力和理财，养成良好的生活习惯。

（4）探索学习的新方法，增强学习自觉性。

（5）主动适应人际关系环境。主动与老师联系，广泛与同学交往，营造温馨的寝室氛围。

（6）学会正确运用心理自卫机制。

6. 如何建立良好人际关系

（1）尊重他人

①少在背后非议他人：大家在一起聊天，难免要提到他人，如果对某人有意见最好是当面委婉的提出。

②在不贬低自己的同时，也不要瞧不起他人。

③不要随便信口开河。有时，你可能无意中贬低了某一个人或一件事而恰好被他知道，由此，这个人可能就会对你形成不易解脱的"心结"。还有对你还不十分熟悉的人和事，不要贸然评点，否则，也许你的出发点没有恶意，但是由于你的观点缺乏较高的视点，又缺乏相应的调查研究，很可能变成了不负责的"乱弹琴"。如果要发表自己的观点，你不妨先做一个小小的调查，看一看大家的期望是什么，然后再以一种积极的心态来提建议。

④不要对他人抱有成见。在生活中，人与人之间难免会有一些不认同、一些竞争，很多人把别人放在自己的对立面，这样的话你一定难以在新集体里立足，更难以发展。只有互惠互利的关系才能长久，这是你融入集体，这个集体也接纳你的一个基本前提。

（2）信任他人

人与人交往最重要的就是信任，如果对所有人都不信任那么就会使你与你的同学之间产生隔阂，也跟不利于你以后融入这个大家庭。适当地向同学敞开心扉，这也是对他人的尊重。譬如业余时间，大家在一起谈论成长经历时，不可避免要互相了解出生地以及其他情况，如果你想参与到这种愉快的聊天当中,不要对自己的相关信息"守口如瓶"。尽管你的出生地可能是一个偏僻的小城镇,尽管你没有惊心动魄的经历,但这都没有关系,因为在人际沟通中有一个非常重要的"对等原则",就是别人对你袒露相关的个人资料,你在接受以后,要尽可能提供给对方相应的对等信息。

(3) 不要斤斤计较

①不过于计较个人得失。进入一个新集体难免会有很多事情,有时可能会占用你非学习时间,比如比赛、班干或做一些其他事情,不要有吃亏感,甚至产生抵触的心理。有更多机会去锻炼,应该以积极的心态来做事,带着感恩之心去面对。

②不要过于计较他人的评点和误解。有些心理承受力比较低的人,也许因为一个善意的批评,就变成一只咆哮的狮子,认为丢了面子,就没有发展前途。其实,这是自我意识过强的表现,与男性相比,年轻女性更计较他人对自己的信任度和认可度。在工作中,每个人都会犯错,只要勇于承担责任就会给人留下好的印象。

(4) 做好自己

①多帮助他人。投之以桃报之以李,我们在帮助他人的同时也在帮助我们自己。

②低调展现自己。所谓"树大招风",因此不要一开始就让自己太突出,与众不同。不要以为一开始给人个性的感觉就是好的。一开始是有一个适应期的,不但你要适应新环境,他人也要适应你的加入。

③尽快了解自己的任务。比起展现自己的能力,这个时期了解任务应该更为重要。

④提高做事效率,珍惜自己的工作机会。

⑤做事始终如一。没有人刻意去注意你,只有你始终如一的做事、生活,别人才会看在眼里记在心里。才会给人留下好的印象、真言,才有利于你更快融入新的环境。

⑥对自己充满自信,并乐观面对任何事情。虽然是新人,但不要总是

担心会出错,越担心出错,越错误不断。所以,坦然面对自己的错误,俗话说"吃一堑长一智",错了我们要在错误中总结经验并勇于承担责任。如果总是没完没了地推脱责任,千方百计找客观原因,就会给人留下坏的印象。

(5)交流

①不要将自己"裹"在壳子里。交流是一个人进入新环境后必不可少的,如果你进入一个新的环境,却总是将自己藏在某个角落里或干脆就不与人交往,那你很快就会被这个集体遗忘。俗话说,礼多人不怪。与同事相处要勤打招呼,热情相待。

②多参加集体活动。参加集体活动可以增强彼此间的了解与亲密,更有助于培养和谐的人际关系。这是让大家认识你,和你交朋友的重要途径。不要总是推脱集体活动,否则,即使以后你参加集体活动,在活动中,大家也会无意中将你忽略。

③不要羞于提问。刚进入新集体难免会有一些不明白的事情,一定要向其他人请教,其实我们在向他人请教时也是在与他人交流。

④别走进小圈子,而忽略了大团队。新同事之间很容易成为好朋友,什么事情都一起做,容易忽略了周围的同事,无法融入别人的圈子。

⑤要主动表达自己的想法。有些学生自己本身的能力不错,对事物也有自己独特的见解,但就是不敢表达自己的想法。而有些学生对一些事物或是制度不是很了解,同时怯于过问。不表达自己的想法,缺乏沟通,这对自己的成长是不利的。

7. 融入校园环境标准版

(1)寝室里要互相体谅　学校宿舍一般是8人一间。有的学生喜欢安静、有的性格活泼爱热闹;有人生活规律,有人却是"夜猫子",晚上又玩电脑又聊天;有的学生比较爱干净,室友则不注意小节,从来不做宿舍里的卫生……正是这些生活习惯上的差异,宿舍成为学生们最容易出现矛盾的地方,不少人是第一次住校、第一次离开家,第一次住校面临集体生活的融合问题,心理上的压力和反感越来越大。

■ 融入组织

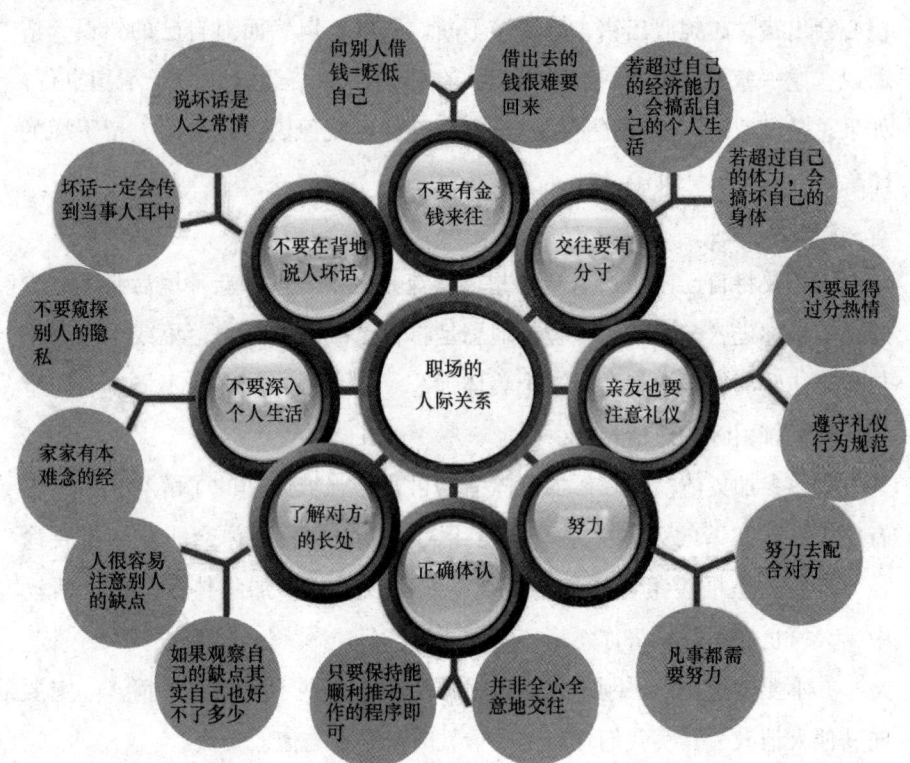

其实住集体宿舍是对大学新生的生活、交往、自我约束、心理承受等多方面能力的全面考验。在集体生活中坚守自我的生活方式或是默默忍受都不可取。总是强制自己改变，不良情绪积累过多，也会影响人的正常生活。所以，要学会沟通，把自己的真实想法大胆地说出来。大家都是同龄的年轻人，沟通的方式和话题会很多。

（2）积极主动调整心态　现在的院校学生，基本上都是90后。这一代人从小就是以自我为中心，是全家人的焦点。这些孩子们的身上有极强的自信和自尊，喜欢张扬个性，但大多数人缺少容忍、谦让和合作的品质。这就使得部分学生在集体内，容易与其他人的相处发生困难。每年都有一些学生在入学阶段因为生活、环境、军训、交际等原因不适应学校生活而导致心理无法调整，在第一学期乃至更长的时间里不能适应学校生活，在学业、宿舍集体生活等方面出现了问题，这些学生中，不乏在中学阶段表现非常出色。

学生进入新环境后所表现出的种种不适应是正常的，绝大多数学生能在一个月的时间内适应这种生活，最慢的有半年的时间也会适应。适应期的长短，关键的问题在于很多学生在从高中向职业院校转向的过程中没能及时调整心态。作为职业院校新生，应该多看一些有关生活指导类的书籍和文章。到学校后，有问题应该多问问辅导老师或向学长请教，多参加学校集体活动，实在有想不开的事情可以求助心理咨询机构，一定不要把问题"憋"在心里，钻进了"牛角尖"就不好办了。

（3）打开你的心门 坚守你的原则 对于第一次走出家门、第一次开始住宿生活的高中生来说，充满了新奇与忐忑。不少学生，因为和寝室同学、班级同学的关系紧张，导致出现厌学、情绪低落等问题，有的学生甚至因为同学关系问题，导致心理问题，不能正常完成学业。刚入校的学生或多或少，都会有一些不适应，但是最重要的是自我心理调节。

（4）做一个切实可行的计划

①为自己做一份学业规划。人生的目标有大有小，大的可谓理想；小的目标是为理想服务的，学业成绩的追求、计算机考级、职业资格鉴定，唱歌、跳舞、锻炼身体等，不同的大小目标有不同的组合，但无论大目标、小目标你都应当有。例如学历提升、工作都是实现大目标的手段途径和过程。

②找一个优秀的学长或学姐当自己的参照目标。每年学校都会组织各院系优秀毕业生等向新生"指点迷津"，新生可从中寻找与自己成长经历、兴趣爱好相近的学长学姐作为榜样，研究他们的成功轨迹，借鉴他们的学习方法、生活习惯等。

③跟专业教师做深入沟通。与专业教师交流，是了解自己所学专业最直接、最有效的办法。

④坚持在一个阶段内写日记或周记。写日记能帮助生活更有规划，目标更明确。一段时间后回顾这些日记，是沉淀自己思想，认知自我的最好方式。

⑤争取代表班级或学院在公开场合展示自己的机会。在职业院校学习阶段，就要时刻做好融入社会的准备，在公开场合演讲、辩论，哪怕是大合唱，都是锻炼自己、增强信心的最好机会。

⑥参与能写进简历的社会实践。现在的社会对学生提出了更高的要求，特别是在专业技能和适应社会方面，争取参加社会实践活动是你生活的一个重点。社会实践有很多种，但对于你日后能写进简历的社会实践一定要多用心。

（5）参与丰富精彩课外活动　除了学习，学校充满了丰富多彩的课外活动，有社团、学生会、艺术团等，参加这些组织不但会打开我们的眼界而且会锻炼我们的办事能力，提高我们的交际水平，认识更多的老师、同学，其中有更多的是高年级的学长，你可以从他们那里学到很多经验。如果你有到高年级继续为组织或团体工作的想法，就要在一年级时加倍的努力，多参加活动，筹划也好、干活也罢，都要拿出热情和认真，让老师、学长记住你，了解你的能力。参加活动一定不要盲目，要找到自己的兴趣和需要，切忌太多，最后可能一样也没有做好。

（6）学会理财别做"月光族"　第一次离开父母掌握"经济大权"，很多学生往往缺乏理财意识，控制不住自己的消费欲，很容易就会变成"月光族"。学生理财应该把握一个原则：该买的东西，货比三家挑选性价比最高的买，不该买的或者是可有可无的东西，就坚决不买。除了守好自己的钱袋子，也要学会装满自己的钱袋子，积极参与勤工俭学、兼职、暑期工、练摊、创业等工作，既可以积累资金，也可以为将来找工作、适应社会、适应工作、开创事业积累经验。

三、案例阅读

乌鸦与鸽子

有一只乌鸦打算飞到南方去，途中遇到一只鸽子，双方停在树上休息。鸽子看见乌鸦飞得很辛苦就关心地问它要飞到哪里去？乌鸦气愤地说，其实我不想离开，可这个地方的人嫌我叫得太难听了，我只能飞到别的地方去。鸽子又好心地对乌鸦说，你别白费力气了，如果你不改变你的声音，飞到哪里都一样的。

【警言】如果我们没有办法改变环境，那么要想适应环境就只有改变我们自己。

自信还是自负

小胡今年从复旦大学毕业了，留在了实习时的一家公司。与她同时进公司的同事们要么学历没她高，要么学的专业没有她好，她说自己心里很有优越感。当领导要她从最基础的工作做起时，她觉得以她的条件，实在是大材小用了。一次，在计算效益时，她把一笔投资存款的利息计算错了，账面多出了整整两亿元，虽然最后没有造成实际损失，但整个公司的财务计划被全部打乱了。小胡说当时心里没觉得问题特严重，她说这就像做错了一道数学题，改过来，下次注意就是了。而在公司其他人的眼里，这孩子把自己的能力估计得太高了，自信是应该的，但过了就成了自傲和自负。

北大生物系毕业的小梁曾在某报社干过一段时间，一次报社派他去一家幼儿园采访，对象是国内第一位搞学前教育的博士。他听完博士的演讲后，起身向博士提问，并开始滔滔不绝地向博士和在座的家长发表了自己的"不同见解"。喧宾夺主的他最终引来一片嘘声，事后，家长们打电话到报社表示抗议。小梁说，他其实并没有把那位博士看作权威，他觉得他们两人是平等的，应该可以像朋友一样交流不同的看法。小梁对自己充满自信，权威、领导在他的眼中并没有被神秘的光环笼罩着，他不会对这些人犯怵。而在领导和权威看来，这样的年轻人缺乏起码的谦虚精神，总让人觉得他们太狂，有点没轻没重，没大没小。他们有着"初生牛犊不怕虎"的冲劲和闯劲，可是对自己却没有一个客观的评价和认识。

个性太强还是缺乏沟通

来自黑龙江的小金刚到新单位一周就开始抱怨工作环境的无聊与烦闷

融入组织

了。从法律系毕业，原来想当律师的她为了留在北京，最终选择了到郊县做一名公务员。她的同事多为人到中年的大叔大妈，本来就内向的她更不愿意与人交谈。"谈什么呀，他们说话我根本就插不上嘴，也没有那个兴趣插嘴。整天枯坐在屋子里，都快把人闷死了！"这种状态也直接影响到了她的工作，每天上班之后，干完分内的事就抱着外语书看。同事觉得这个小姑娘不太好相处，也就渐渐地疏远她，结果到单位半年，小金连一半的人都不认识。

这种现象对于刚走出校门的年轻人来说并不罕见。一直习惯了在自己的世界里生活，突然被推到一个群体当中，是保持自己的个性还是尽快融入另外一个陌生的环境，这是一个很难的选择。但事实上，如果真诚待人，你就会发现别人身上的亮点。在一个学姐的开导下，小金有意识地与周围的同事接近，结果发现其实他们也有自己鲜明的个性。与同事交流多了，大家也都把小金当女儿或者小妹妹看待，有什么事都关照她。小金也发挥出自己的特长，成为单位小有名气的女秀才。这时候，以往的孤独感、失落感就再也没有了。

我们并不要求别人完美无缺；我们只要求他们的缺点不要妨碍我们。
——佚名

主题二 环境适应

模块三 自我认知

我是个适应力强的人吗……

我适应环境的优势是什么……

我适应环境的软肋在哪里……

活动简介

1. 采用自由发言等方式,以"那一年,我_____(多大)岁,……那时我面对_____(环境描述),我的感受_____,我_____(行为),最后,我_____(结果)这件事让我_____(感悟)"的格式,讲述一件发生在自己身上,有关适应的事情,用简单几句话总结自己当时适应情况。

2. 独立完成《适应能力测试表》。

3. 团队内部讨论、分析各队员在环境适应方面存在的问题及解决方法。

注意事项

1. 如实填写《适应能力测试表》。
2. 分析讨论中真诚对待每个组员。

《适应能力测试表》

认真阅读,请将以下各条和你自己相比较,记下与你相符的条数。

（1）世界上怪人多得是,一概不予理睬。

（2）别人交谈时忍不住想插言。

（3）遭人谴责时,首先想到的是"讨厌"。

（4）难以确切表达自己的意思,容易遭人误解。

（5）总是不愿主动向人问好。

（6）对于他人不可思议的举动不太能够理解。

（7）不愿与自己不和的人交往。

（8）在家里说话常常得不到父母的理解。

（9）好奇心不强、兴趣不广泛。

（10）遇到困难便一筹莫展。

（11）在与同性交往中应付自如,而对异性的想法则茫然无知。

（12）走投无路时失望。

（13）看到有不良嗜好的人就想加以制止。

（14）不知道别人在想什么。

（15）在别人说话时,即使受到启发,也不点头称是。

（16）听天由命胜于一切。

（17）以为有了条件便能学习好。

（18）如因某种原因只剩下孤身一人,便失去信心生活下去。

（19）自认为命运多舛,反抗是无用的。

（20）不论跟谁交谈都没有用,干脆闭口不言。

（21）不善解应用题,短于智力游戏。

（22）听别人自我吹嘘，会觉得很无聊。

（23）对方动气，自己也会恼火。

（24）决定要干的事，不获成功，决不罢休。

（25）父母为子女操劳是天经地义的事，不必感恩。

（26）对于失败难以忘怀。

（27）不怎么清楚父母对自己寄予的期望是什么。

（28）因为没有自信，而听不进别人的话。

（29）对别人的服装、发型总很留意。

（30）对牛弹琴，不如不费口舌。

（31）有时觉得活着没有意思。

（32）生气时便会揭人短。

（33）对自己周围环境的变化不敏感。

（34）总觉得时间不够用。

（35）不管别人说什么，依然我行我素。

（36）在看电影和电视剧时，常会感动得流下泪来。

（37）渴望躲到荒无人烟的地方去。

（38）心安理得地让父母和老师代办一切。

（39）想说什么的时候，不考虑到对方的情绪就说出来。

（40）对那些貌似幸福的人十分羡慕。

（41）每天都似乎是在别人的操纵下生活。

（42）一忙就乱了阵脚。

（43）自己的人生属于自己，不容他人指手画脚。

（44）对家里人的想法漠不关心。

（45）对他人的言行只做表面理解。

（46）不同年代的人想法也不一样，因而寻求共同语言只能是徒劳。

（47）对"好""坏"如不严加区分，便一事无成。

（48）同一个人即使立场不同，所讲的话也应该相同。

（49）盲目行动，不计后果。

（50）即使想学习，也无法集中精力。

（51）对与自己关系亲密的人的兴趣和爱好却不十分熟悉。

（52）把不能充分发挥自己的才能的原因归咎于环境。

（53）常常会有不愉快的想法。

（54）不能独立决定自己毕业后的去向问题。

（55）和朋友相比，似乎总有吃亏的感觉。

（56）虽有才能，却得不到承认。

（57）必要时，也不太愿意结交新朋友。

（58）常常会话不投机而出现冷场。

（59）想干的事不能干，是因为父母不理解自己。

（60）人在幸福的时候对谁都充满好意。

得分：记下的符合你情况的题目进行相加，每题1分。

结果分析：

0－12分　恭喜，你的环境适应能力很好，能适应新环境。

13－24分　你的环境适应能力还不错，一般情况下可以做到游刃有余。

25－40分　你的环境适应能力还有欠缺，可能有时会难以应付。

41－60分　抱歉，你的环境适应能力有很大的不足，你要加倍努力。

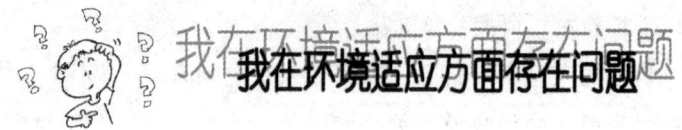

主题二 环境适应

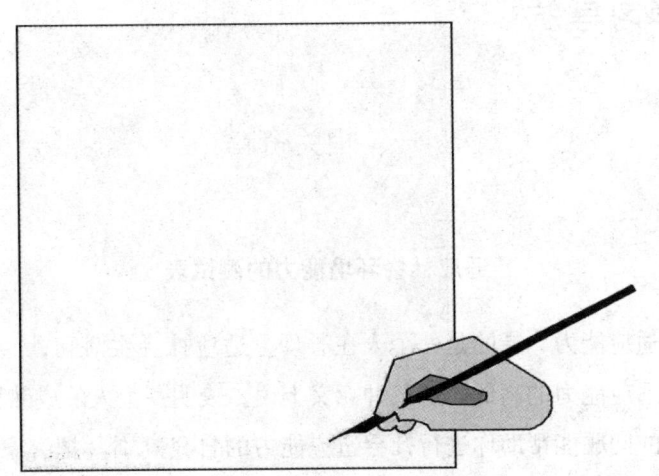

融入组织

一、相关资料

适应社会环境能力的测试表

社会适应能力，指的是一个人在心理上适应社会生活和社会环境的能力。社会适应能力的高低，从某种意义上说，表明一个人的成熟程度。

下面的问题能帮助你进行社会适应能力的自我判别（把答案填在括号内）。

A 是　　　B 无法肯定　　　C 不

1. 我最怕转学或转班，每到一个新环境，我总要经过很长一段时间才能适应。（　　）

2. 每到一个新的地方，我很容易同别人接近。（　　）

3. 在陌生人面前，我常无话可说，以至于感到尴尬。（　　）

4. 我最喜欢学习新知识或新学科，它给我一种新鲜感，能调动我的积极性。（　　）

5. 每到一个新地方，我第一天总是睡不好，就是在家里，只要换一张床，有时也会失眠。（　　）

6. 不管生活条件有多大变化，我也能很快习惯。（　　）

7. 越是人多的地方，我越感到紧张。（　　）

8. 在正式比赛或考试时，我的成绩多半不会比平时练习差。（　　）

9. 我最怕在班上发言，全班同学都看着我，心都快跳出来了。（　　）

10. 即使有的同学对我有看法，我仍能同他（她）交往。（　　）

11. 老师在场的时候，我做事情总有些不自在。（　　）

12. 和同学、家人相处，我很少固执己见，乐于采纳别人的看法。（　　）

13. 同别人争论时，我常常感到语塞，事后才想起该怎样反驳对方，可惜已经太迟了。（   ）

14. 我对生活条件要求不高，即使生活条件很艰苦，我也能过得很愉快。（   ）

15. 有时自己明明把课文背得滚瓜烂熟，可在课堂上背的时候，还是会出差错。（   ）

16. 在决定胜负成败的关键时刻，我虽然很紧张，但总能很快使自己镇定下来。（   ）

17. 我不喜欢的东西，不管怎么学也学不会。（   ）

18. 在嘈杂混乱的环境里，我仍然能集中精力学习，并且效率较高。（   ）

19. 我不喜欢陌生人来家里做客，每逢这种情况，我就有意回避。（   ）

20. 我很喜欢参加社交活动，我感到这是交朋友的好机会。（   ）

评分方法

1. 单数号题，（如1，3，5，7……）是：-2分，无法肯定：0分，不是：2分。

2. 双数号题，（如2，4，6，8……）是：2分，无法肯定：0分，不是：-2分。

将各题的得分相加，即得总分。

35~40分：社会适应能力很强，能很快地适应新的学习、生活环境，与人交往轻松、大方，给人的印象极好，无论进入什么样的环境，都能应付自如，左右逢源。

29~34分：社会适应能力良好。

17~28分：社会适应能力一般，当进入一个新环境，经过一段时间的努力，基本上能适应。

6~16分：社会适应能力较差，依赖于较好的学习、生活环境，一旦遇到困难则易怨天尤人，甚至消沉。

5分以下：社会适应能力很差，在各种新环境中，即使经过一段相当长时间的努力，也不一定能够适应，常常困惑到与周围事物格格不入而十分苦恼。在与他人的交往中，总是显得拘谨，羞怯，手足无措。

如果你在这个测查中得分较高，说明你社会适应能力较强。但是，如果你得分较低，也不必忧心忡忡、因为一个人的社会适应能力是随着年龄的增长、知识经验的丰富而不断增强的。只要你充满信心，刻苦学习，虚心求教，加强锻炼，你一定会成为适应社会的成功者。

主题二 环境适应

图片荟萃

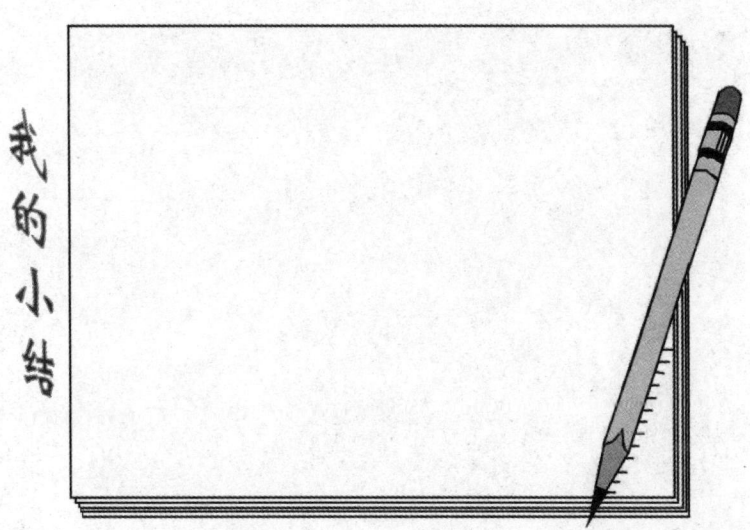

我的小结

59

主题三　服从执行

主题引入

人是根据既定的纪律群居而形成社会的，而学校或者企业就是一个有自己一套纪律的小型社会，任何社会的成功都是依靠成员服从和执行既定的纪律而来的。本主题旨在培养学生对于纪律的服从性和执行力，从而提高学生的核心品德能力以及在企业的核心竞争能力。

课前准备

准备项目	准备内容和要求
礼仪准备	不迟到、早退；不可穿拖鞋；主动向老师问好等
课堂准备	教室卫生干净、明亮；帮助老师擦黑板；手机调成振动或关机等
主题准备	学习资料、团队任务准备、签字笔、学材

我的团队

组　名				
口　号				
我的角色		人　数		组　长
团队成员				

模块一　纪律

纪律，是人们服从既定的秩序和执行命令的一种行为规范，是一切制度的基石。没有法律约束的国家，国将不国，天下大乱；没有纪律约束的团队，将失去秩序，没有工作绩效。不以规矩，不成方圆。纪律无论对于个人、企业、军队甚至国家都是如同生命一般重要。而我们身边的纪律有哪些呢？

活动简介

活动一：快速撤离

1. 模拟地震场景，组织学生快速撤离课室，老师从旁计时。

2. 对同学们进行团队建设，根据撤离时遇到的问题进行 20 分钟的分析讨论，并制定更快速的撤离方案。

3. 再次组织学生快速撤离课室，老师从旁计时。

4. 对比两次撤离的区别，试探讨更快的撤离方案。

活动二：观点分析

以小组为单位，通过团队合作及组内分工，在 15 分钟内讨论完成下面的文字：

1. 我们为什么需要纪律？

_____

_____

2. 如果没有纪律，我们的校园生活会变成怎么样？

_____

_____

3. 以小组为单位，成果展示：分组朗读，展示我们的成果。

活动三：身边的纪律

1. 以小组为单位，通过团队合作及组内分工，讨论并记录所知的纪律（课堂、宿舍、仪容、升旗等）。

2. 每组派一个代表出来，以接龙方式轮流说出一个行为纪律，不能重复。接不出的就淘汰，看看那个小组能坚持到最后。

3. 对于第一个被淘汰和最后优胜的小组进行相应的惩罚和奖励。

注意事项

1. 请同学们积极地投入到活动中，享受活动的乐趣性和教育性。

2. 活动过程中保持开放、轻松的心态，做你能做的一切事情，支持并鼓励你的队友，主动地协助团队获得胜利。

3. 和平相处，乐于站在别人的角度去思考和处理问题。

4. 无论任何时候要注意安全，保护好你身边同学。

5. 保持环境的卫生，下课时摆好桌椅及打扫卫生。

学习导航

一、相关概念

1. 纪律

在一定社会条件下形成的、一种集体成员必须遵守的规章、条例的总和，是要求人们在集体生活中遵守秩序、执行命令和履行职责的一种行为规则。纪律具有社会性、历史性，阶级性和强制性的特点。

2. 纪律基本涵义

第一，纪律是指惩罚；第二，纪律是指通过施加外来约束达到纠正行为目的的手段；第三，纪律是指对自身行为起作用的内在约束力。这三层意思概括了纪律的基本内涵，同时也反映出良好纪律的形成过程是一个由外在的强迫纪律逐步过渡到内在自律的过程。

二、相关资料

美国西点军校的经营策略：纪律就是纪律

在西点军校，从学员的选拔录取、淘汰到学员的日常生活、行为准则、服装与仪表、营房与宿舍，人身与财产安全、声名、假期、教学程序、待遇与特殊待遇等都作了详尽、明确的规定。这些规章制度像是高悬的达摩之剑，随时都可能刺向违规者，对于学员的行为有着很强的约束力。

纪律是严明的，有时甚至是残酷的，尤其对新学员，他们几乎没有做出任何决定的资格。但他们知道，任何西点人都要过这一关，他们也能。

有意义的是，学员们上课、阅兵、检查、体育运动等，每天都安排得满满的，而且任何人都必须完成。开始时大家可能是为了形式，不去考虑实质，但是时间一长，习惯成自然；他们便逐渐把军校的目标变成了个人目标。

西点《集合号》杂志曾刊登学员队司令的一篇文章，专门强调了"自觉的纪律"。自觉的纪律是一支优良军队的重要特点，所以，在西点军校，自觉的纪律更为重要。自觉的纪律是军事院校必须为学员灌输的优良品质，一个人如果要想担负管理责任，这种品质是必不可少的；一个人如果要想很好地为国家服务，也必须具备这样的品质。它之所以有这么重要的作用，因为它是一个优秀的人才所必备的素质，也是任何人希望具有的。

世界上的任何事情都没有绝对的，自由也是；没有纪律的约束，自由就会泛滥成为堕落。在公司中，员工不要把纪律当成洪水猛兽那样恐惧。

英国克莱尔公司在培训新员工时,总是先介绍本公司的纪律,首席培训师加培利总是这样说:"纪律就是高压线,它高高地悬在那里,只要你稍微注意一下,或者不是故意去碰它的话,你就是一个遵守纪律的人。看,遵守纪律就是这么简单。"

的确,如果你稍微倾注心力,就省去了很多抱怨和烦恼,你不会怨恨纪律严格,也不会讨厌上司的严厉。

三、案例阅读

纪律——敬业的基础

[美] 费拉尔·凯普

一个团结协作、富有战斗力和进取心的团队,必定是一个有纪律的团队。同样,一个积极主动、忠诚敬业的员工,也必定是一个具有强烈纪律观念的员工。可以说,纪律,永远是忠诚、敬业、创造力和团队精神的基础。对企业而言,没有纪律,便没有了一切。

西点军校非常注重对学员进行纪律锻炼。为保障纪律锻炼的实施,西点有一整套详细的规章制度和惩罚措施。比如,如果学员违反军纪军容,校方通常惩罚他们身着军装,肩扛步枪,在校园内的一个院子内正步绕圈走,少则几个小时,多则几十个小时。关于这方面的轶事,我们随处可见。

这样的训练整整持续一年,纪律观念由此深深地根植于每个人的大脑中。同时,与之而来的,却是每个人强烈的自尊心、自信心和责任感,这是一些让人受益终身的精神和品质。

我在西点军校接受了关于纪律的严格训练,它帮助我成为了一名合格的陆军指挥官。在后来为企业服务的职业生涯中,我成功地把这种纪律观念灌输给我的每一位下属,它又帮助我获得了不凡的成功。我发现,纪律的作用和重要性，比人们通常所想象的还要大。

当你的企业和员工都具有强烈的纪律意识，在不允许妥协的地方绝不妥协，在不需要借口时绝不找任何借口，比如质量问题，比如对工作的态度等，你会猛然发现，工作因此会有一个崭新的局面。

对企业和员工而言，敬业、服从、协作等精神永远都比任何东西重要。但我相信，这些品质不是员工与生俱来的，不会有谁是天生不找任何借口的好员工。所以，给他们进行培训和灌输显得尤为重要，就像西点不断要求我的着装和仪表一样，最后是要让所有的人都明白，"纪律只有一种，这就是完善的纪律。"

还是来看看伟大的巴顿将军的例子吧。乔治·福蒂在《乔治·巴顿的集团军》中写道：

"1943年3月6日，巴顿临危受命为第二军军长。他带着严格的铁的纪律驱赶第二军就像'摩西从阿拉特山上下来'一样。他开着汽车转到各个部队，深入营区。每到一个部队都要啰嗦训话，诸如领带、护腿、钢盔和随身武器及每天刮胡须之类的细则都要严格执行。巴顿由此可能成为美国历史上最不受欢迎的指挥官。但是第二军发生了变化，它不由自主地变成了一支顽强、具有荣誉感和战斗力的部队……"

巴顿可以说是美国历史上个性最强的四星上将，但他在纪律问题上，对上司的服从上，态度毫不含糊。他深知，军队的纪律比什么都重要，军人的服从是职业的客观要求。他认为："纪律是保持部队战斗力的重要因素，也是士兵们发挥最大潜力的基本保障。所以，纪律应该是根深蒂固的，它甚至比战斗的激烈程度和死亡的可怕性质还要强烈。""纪律只有一种，这就是完善的纪律。假如你不执行和维护纪律，你就是潜在的杀人犯。"巴顿如此认识纪律，如此执行纪律，并要求部属也必须如此，这是他成就事业的重要因素之一。

模块二　自律

纪律和规则是我们平时生活和学习中随处可见——上课不能迟到旷课、下课要打扫课室卫生、校园内不可以吸烟及不可以无故外宿等。但是，如果我们总在一种被要求的环境下学习和生活是很难进步的，我们应该学会自己约束自己，自己要求自己，变被动为主动。

古希腊著名的哲学家毕达哥拉斯说过："不能约束自己的人不能称他为自由的人。"今天你自律了吗？

活动简介

活动一：真心话大冒险

1. 全班同学围成一个向心圆坐好。

2. 以击鼓传花的方式选出对象，被选定的同学可选择"真心话"还是"大冒险"——选择真心话，则要自白有没有遵守学校的行为规范，违反的条例是哪个，必须如实回答；选择大冒险，则以抽签的形式抽出惩罚游戏。

活动二：心中的纪律

1. 以小组为单位，每组派出一名代表抽出各自的任务。

2. 根据任务书，通过团队合作及组内分工，在20分钟内讨论制定相应区域的纪律及奖罚条例，并将其写在老师发的纸上。

3. 以小组为单位，成果展示：分组朗读，展示我们的成果。

4. 把所有的纪律贴在课室里，全班同学在未来一星期里试执行。

活动三：自律能力小测试

每位同学在原来的座位上独立完成一下测试题目。

自律能力测试

下面是20道测试题,符合你的情况则回答"是",反之回答"否"。

1. 当你因为娱乐耽误了计划好的重要工作,你会不会后悔?
2. 当被人要求做一件事情,并且你知道这件事情有很大的难度时,你是否会认为这是一项有趣的挑战?
3. 如果某项工作应当在当月5日完成,但你知道即使6日完成也没有人批评你,你会在5日完成吗?
4. 你经常仔细地计划你的资金吗?
5. 你通常能准时缴付各种账单吗?
6. 你是否善于记录、存放各种资料?
7. 如果你需要用某一证件,你能否自己在一两分钟内找到它?
8. 如果你需要赶一项任务,你能否一连数天都每天工作12小时以上?
9. 你是否经常主动做一些分外工作?
10. 你能长时间自动自发地工作吗?
11. 你是否在没有人要求下,为自己设定工作目标及完成截止日期?
12. 你是否经常计划如何使用你的时间?
13. 你今天是否做了时间支配计划?
14. 如果某件事你不乐意做,但有上司要求你做,你会拒绝吗?
15. 你总是能专注地工作,而不会受外界干扰吗?
16. 如果某项工作很重要,即使没有人强迫你,你也会自发地做好它吗?
17. 有一项重要的工作需要加班,而这天晚上恰又有你非常喜爱的球赛,你会选择加班吗?
18. 碰上棘手的难题时,你总是首先想办法自己解决吗?
19. 你需要一些资料却无法得到,你会立即找人提供帮助吗?
20. 你不存在多次决心做某件事却最终因为主观原因没有做成的情形,对吗?

老师公布评分标准,交由右边的同学进行计分,分数最低的 5 名同学要进行惩罚游戏。

注意事项

1. 请同学们积极地投入到活动中,享受活动的乐趣性和教育性。
2. 活动过程中保持开放、轻松的心态。
3. 和平相处,乐于站在别人的角度去思考和处理问题。
4. 无论任何时候要注意安全,保护好你身边同学。
5. 活动三需要营造一个安静的环境和氛围。
6. 保持环境的卫生,下课时摆好桌椅及打扫卫生。

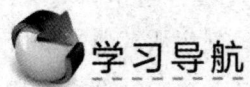
学习导航

一、相关概念

自律:指在没有人现场监督的情况下,通过自己要求自己,变被动为主动,自觉地遵循法度,拿它来约束自己的一言一行。自律并不是让一大堆规章制度来层层地束缚自己,而是用自律的行动创造一种井然的秩序来为我们的学习生活争取更大的自由。

二、相关资料

1. 周恩来的修养要则:1943 年 3 月,重庆红岩整风

(1) 加紧学习,抓住中心,宁精勿杂,宁专勿多。

(2) 努力工作,要有计划,有重点,有条理。

(3) 习作合一,要注意时间、空间和条件,使之配合适当,要注意检

讨和整理，要有发现和创造。

（4）要与自己及他人的一切不正确的思想意识作原则上坚决的斗争。

（5）适当地发扬自己的长处，纠正自己的短处。

（6）永远不与群众隔离，向群众学习，并帮助他们。过集体生活，注意调研，遵守纪律。

（7）健全自己身体，保持合理的规律生活，这是自我修养的物质基础。

2. 如何提高自律能力

（1）制订出你做事的优先顺序，然后按这个顺序去做　如果一个人只看自己的心情，和一时的方便而行事，肯定不会成功的，更不要说别人尊重并跟随他了。有一句话说得好："完成重要任务有两项不可缺少的伙伴：一是计划，二是不太够用的时间。"作为一位领袖，你的时间相当紧凑，所以免不了要做计划。如果你能够订出何者最为重要，刻意从其他的事情中抽身出来，这会让你有足够的精力去完成首要的任务。这正是自律的基本精神所在。

（2）把自律的生活方式当成目标　向杰瑞·莱斯这类高度自律的成功人士学习，你会发现自律不能只是偶尔为之，它必须成为你的生活方式。培养自律最佳的方式是为自己制定系统及常规，特别是在你视为重要的需要长期的成长及追求成功的指标项目上。例如：为了持续地写作及演讲，我每天固定将所读的资料存档起来，以作为日后参考之用。再者，我在1998年12月心脏病发作，之后就养成每天早晨运动的习惯。这些都不是我做做停停的事，我会在有生之年持续下去。

（3）向你的借口挑战　如果想培养自律的生活方式，首要的功课之一就是破除找借口的倾向。正如法国古典文学作家佛朗哥所说："我们所犯的过错，几乎都比用来掩饰的方法，更值得原谅。"如果你有几个令你无法自律的理由，那么，你要认清它们只不过是一堆借口罢了。如果你想成为更有成效的领袖，就必须向你的借口提出挑战。

（4）工作（学习任务）完成之前，先把奖励挪开　著名作家麦克·狄朗尼说过这么一句智慧的隽语:"任何一个企业或机构,如果给予怠惰者和贡献者同等待遇,那么,你将会发现前者越来越多,后者越来越少。"如果你缺乏自律,那么你可能就是把甜点放在正餐之前享用的那种人。

(5)把目光注视在结果上 无论任何时候,只要你把注意力放到工作的难度本身上,而不考虑结果和奖赏,就很容易灰心丧气;如果沉浸于其中太久,就会养成自怜的毛病。因此,下次当你再面对一件不得不做的任务,心中开始企图抄捷径而不按规矩踏踏实实去完成时,切记:要打消自己这样的盘算,把目光转回到目标上。认真权衡按部就班的好处,花工夫彻底做好它。

三、案例阅读

1. 叶志平

汶川大地震发生的时候,他不在学校。学生们是按着平时学校要求的和他们已练熟了的方式疏散的。全校2200多名学生和上百名老师,从不同的教学楼和不同的教室中,全部冲到操场,以班级为单位站好,仅用时1分36秒。学校所在的安县紧临着受灾最为惨烈的北川,学校外的房子百分之百受损。在桑枣中学,8栋教学楼部分坍塌,全部成为危楼。叶校长的学生——11岁到15岁的娃娃们,都挨得紧紧地站在操场上,老师们站在最外圈,四周是教学楼。

学生无一伤亡,老师无一伤亡。

2. 自律实验

美国心理学家曾做过这样一个实验,将一群孩子放在同一个房间,并放上糖果,告诉他们只能等他们回来了再吃,然后用隐藏的摄像头观察他们,发现有少部分孩子克服了糖果的诱惑,而大多数都吃下了糖果。以后工作人员跟踪调查发现,没吃糖果的孩子成人后在事业上大多很成功,而吃了糖果的那部分孩子都很少有成就,并且失业率很高,可见,自律是一个人成功的基础。

3. 杨震拒金

东汉时，杨震在赴任途中经过昌邑时，昌邑县令王密山来拜访他，并怀金十斤相赠。杨震说："故人知君，君不知故人，何也？"王密没听明白杨震责备之意，说："天黑，无人知晓。"杨震说："天知神知，你知我知，何谓无知？"王密这才明白，大感惭愧，怏怏而去。

模块三　执行力

甲和乙在同一家公司里已经工作半年，甲升了两次职，而乙还是原地踏步。乙对此十分不满意，于是找老板投诉。老板耐心听完后对乙说："现在我需要复印一份资料，但复印室的纸都用完了，你先帮着买些复印纸回来吧。"乙听完后应声就出去了，过一会带了三张复印纸回来。老板一看就说："三张复印纸怎么够？我至少要三摞。"乙觉得很纳闷，但没多说什么，然后出去又买了三摞复印纸回来。老板一看又说："你怎么买了A4的，我要的是B5。"这时已经到了下班的时间，于是乙第二天才带着三摞B5的复印纸回来给老板。老板看见就说："怎么现在才买回来？资料昨天已经复印好啦。"乙终于忍不住了："老板你这是存心刁难我！那我辞职算了，反正我在这里也做得不开心！"

老板让乙先冷静下来，然后叫了甲进办公室，要求甲同样买些复印纸回来。甲并没像乙那样马上就出去买，而是问清楚老板需要的用途、型号、数量、牌子、价格、限期等问题后才离开，没多久甲就带着三摞B5的复印纸回来，而且品质和价钱比乙的更符合老板的要求。

请问：甲和乙的区别在哪里？

活动简介

活动一：撕纸游戏

1. 根据本主题的需要，同学们进行团队建设活动。

2. 每人分发一张A4大小的纸张，然后要求大家闭上眼睛，按照老师的要求来撕纸，看看有没有可能出现一样的结果。

3. 以组为单位，根据结果进行20分钟内讨论完成下面的文字：

- 为什么结果会不一样？
- 可以通过哪些措施控制结果的一致性？

活动二：齐眉棍

1. 根据活动需要进行"团队建设"。

2. 老师宣布游戏规则：全组成员一起参与，每队选出一名监督员对隔壁组进行监督，其余组员面对面站好，抬起右胳膊与身体成90度，并伸直食指，棍子放在众人的手指上，手指不可出现平放以外的动作（如钩、夹等）的基础下将棍子放到地上，如任何人手指离杆，都回到组员中任一成员齐眉高度重新下降。

3. 开始，老师从旁计时。

4. 游戏中遇到的问题进行20分钟的分析讨论，并制定更快速的方案。

5. 组织学生进行游戏，老师从旁计时。

6. 第一和最后完成的小组进行相应的惩罚和奖励。

活动三：执行行动——好人好事

1. 以小组为单位，每组派出一名代表抽出各自的任务。

2. 根据任务书，通过团队合作及组内分工，在40分钟内到指定场地帮忙，完成任务后请受帮助的人在任务书上签收。

3. 对于任务完成得最差最慢的和最好最快的小组进行相应的惩罚和奖励。

4. 活动分享。

注意事项

1. 请同学们积极地投入到活动中，享受活动的乐趣性和教育性。

2. 活动过程中保持开放、轻松的心态，做你能做的一切事情，支持并鼓励你的队友，主动地协助团队获得胜利。

3. 和平相处，乐于站在别人的角度去思考和处理问题。

4. 无论任何时候要注意安全，保护好你身边同学。

5. 请爱护好活动道具，活动结束后道具清点摆放整齐后再交给老师。

6. 保持环境的卫生，下课时摆好桌椅及打扫卫生。

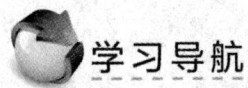学习导航

一、相关概念

执行力

余世维博士认为，执行力"就是按质按量地完成工作任务"的能力。个人执行力的强弱取决于两个要素——个人能力和工作态度，能力是基础，态度是关键。所以，我们要提升个人执行力，一方面是要通过加强学习和实践锻炼来增强自身素质，而更重要的是要端正工作态度。

二、相关资料

1. 西点军校22条军规

（1）无条件执行；

（2）工作无借口；

（3）细节决定成败；

（4）以上司为榜样；

（5）荣誉原则；

（6）受人欢迎；

（7）善于合作；

（8）团队精神；

（9）只有第一；

（10）敢于冒险；

（11）火一般的精神；

（12）不断提升自己；

（13）勇敢者的游戏；

（14）全力以赴；

（15）尽职尽责；

（16）没有不可能；

（17）永不放弃；

（18）敬业为魂；

（19）为自己奋斗；

（20）理念至上；

（21）自动自发；

（22）立即行动。

2. 执行力的五个关键词

（1）沟通：沟通是前提 即遵循 SMART 原则。所谓 SMART 原则，即：

目标必须是具体的（Specific）；

目标必须是可以衡量的（Measurable）；

目标必须是可以达到的（Attainable）；

目标必须和其他目标具有相关性（Relevant）；

目标必须具有明确的截止期限（Time – based）。

有好的理解力，才会有好的执行力。好的沟通是成功的一半。通过沟通，群策群力集思广益可以在执行中分清战略的条条框框，适合的才是最好的。通过自上而下的合力达使企业执行更顺畅！

（2）协调：协调是手段 协调内部资源。好的执行往往需要一个团队至少百分之八十的资源投入；而那些执行效率不高的团队资源投入甚至不到百分之二十。中间的百分之六十就是差距。这些不仅仅只是在书面上显示的。一块石头在平地上只是一个死物，而从悬崖上掉下时，可以爆发强大的能力。这就是集势，把资源协调调动在战略上，从上到下一个方向，能达到事半功倍的效果！

（3）反馈：反馈是保障　执行的好坏要经过反馈来得知。

（4）责任：责任是关键　团队，尤其是企业的战略应该通过绩效考核来实现。而不仅仅只是从单纯的道德上来约束。从客观上形成一种阳光下进行的奖惩制度，才能不会使执行做无用功。

（5）决心：决心是基石　狐疑犹豫，终必有悔，顾小忘大，后必有害！专注，坚持这种人生信条同样也适用于管理执行这个方面！成功就像一扇门，如果战略这把合适钥匙我们已经找到，那么现在需要的只是我们把钥匙插进去并朝正确的方向旋转把门打开。

3. 如何提高执行力

（1）自主自发　一个人除了会做业务还是远远不够的，还要有工作意愿（动机），即自主自发。这其实是一种生活态度，也是一种健康的人生态度。老板不在身边却更加卖力工作的人，将会获得更多奖赏。如果只有在别人注意时才有好的表现，那么你永远无法达到成功的顶峰。最严格的表现标准应该是自己设定的，而不是别人要求的。

（2）注重细节　作为一个经营管理者，不需要、也不可能事必亲躬，但一定要明察秋毫，能够在注重细节当中比他人观察得更细致、周密，做到能够细致，使员工有效仿的标本。只有当自己会做了，并形成一种威慑力，使每个员工都不敢马虎，无法搪塞。只有这样，团队的工作才能真正做细。

（3）诚信及负责　诚信是立身处世的准则，是人格的体现，是衡量个人品行优劣的道德标准之一。正如孔子所说"言必信，行必果"，即"人无信不立"。只有诚信，一个人才会去为了实现自己的许诺而积极肯干；一个真正注重诚信的人或组织，在不能履约时必定会慷慨的对由于自己失信的行为而负责，及时地采取必要的措施弥补自己的失信造成受诺主体的损失。

（4）分析于应变强　机会总是给有准备的人，快速应变能力往往并不表现为一时的灵感，更是一种经验一种解决问题的能力体现。善于分析、快速应变能力是在这个市场上竞争日益积累、变化日益迅速的今天有效执行的必要条件。

（5）学习力和创新力　没有稳定的市场，只有稳定的能力（学习的能力）。目前市场变化很大，要想适应市场的变化，跟上市场的变化速度，必须努力学习，学习是一个成功者必须具备的能力。

（6）对工作投入　全心全力投入工作的热忱不仅仅是我们成功的要素，也是每个人获得成功的要素。没有对工作的热忱，就无法全身心投入工作，就无法坚持到底，对成功也就少了一份执着；有了对工作的热忱，在执行中就不会斤斤计较得失，把自我的工作投入去影响周遭的同仁，让他们与你一起拼搏。

（7）有韧性　"不以物喜，不以己悲"，认准的事，无论遇到多大的困难，仍千方百计完成。因为有很多人会做梦，做梦的价值为零，行动起来才有可能成功。很多人会遇到多次的拒绝，拒绝本身并不可怕，可怕的是不会换位思考，因为拒绝所以你有机会，只要有韧性的人就会越挫越勇，直至成功。

（8）有团队精神　团队精神不仅仅是对员工的要求，更应该是对管理者的要求，团队合作对管理者的最终成功起着举足轻重的作用。对经营管理层而言，真正意义上的成功必然是团队的成功。脱离团队，即使得到了个人的成功，往往也是变味的和苦涩的，长此以往对公司是有害的。因此，我们管理者的执行力决不是个人的勇猛直前，孤军深入，而是带领下属共同前进。成功30%靠自己，70%靠别人。人脉就是财脉，每一个管理者都是通过组建一个团队来实现自己伟大梦想的。

（9）求胜的欲望强烈　强烈的求胜欲望是一切行动的源泉，如果我们没有欲望，任何事情都不可能坚持和成功。我们要有狼的精神；嗅觉特别的灵敏，哪里有血腥味就会冲过去，因为这个是商机；狼寒天出动，就是市场的状况再险恶，我们也不会畏缩，越难做时你越能做下来就代表你的能力非凡；狼通常都是成群结队，这表示狼发扬了很好的团队精神，因为团队的成功才能让我们在这个市场上攻无不克。

三、案例阅读

德国最愚蠢的银行

2008年9月15日上午10时，拥有158年历史的美国第四大投资银行——雷曼兄弟公司，向法院申请破产保护，消息转瞬间通过电视、广播和网络传遍地球的各个角落。令人匪夷所思的是，10时10分，德国国家发展银行居然按照外汇掉期协议的交易，通过计算机自动付款系统，向雷曼兄弟公司即将冻结的银行账户转入3亿欧元。毫无疑问，这笔钱将是肉包子打狗有去无回。

转账风波曝光后，德国社会各界大为震惊。财政部长佩尔·施泰因布吕克发誓，一定要查个水落石出，并严厉惩罚相关责任人。一家法律事务所受财政部的委托，进驻银行进行全面调查。

几天后，他们向国会和财政部递交了一份调查报告，调查报告并不复杂深奥，只是一一记载了被询问人员在这10分钟内忙了些什么。这里，看看他们忙了些什么。

- 首席执行官乌尔里奇·施罗德：我知道今天要按照协议预先的约定转账，至于是否撤销这笔巨额交易，应该让董事会开会讨论决定。
- 董事长保卢斯：我们还没有得到风险评估报告，无法及时做出正确的决策。
- 董事会秘书史里芬：我打电话给国际业务部催要风险评估报告，可是那里总是占线。我想，还是隔一会儿再打吧。
- 国际业务部经理克鲁克：星期五晚上准备带全家人去听音乐会，我得提前打电话预定门票。
- 国际业务部副经理伊梅尔曼：忙于其他事情，没有时间去关心雷曼兄弟公司的消息。
- 负责处理与雷曼兄弟公司业务的高级经理希特霍芬：我让文员上网

融入组织

浏览新闻，一旦有雷曼兄弟公司的消息就立即报告，现在我要去休息室喝杯咖啡。

- 文员施特鲁：10 时 3 分，我在网上看到雷曼兄弟公司向法院申请破产保护的新闻，马上跑到希特霍芬的办公室。当时，他不在办公室，我就写了张便条放在办公桌上，他回来后会看到的。

- 结算部经理德尔布吕克：今天是协议规定的交易日子，我没有接到停止交易的指令，那就按照原计划转账吧。

- 结算部自动付款系统操作员曼斯坦因：德尔布吕克让我执行转账操作，我什么也没问就做了。

- 信贷部经理莫德尔：我在走廊里碰到施特鲁克，他告诉我雷曼兄弟破产的消息。但是，我相信希特霍芬和其他职员的专业素养，一定不会犯低级错误，因此也没有必要提醒他们。

- 公关部经理贝克：雷曼兄弟公司破产是板上钉钉的事。我本想跟乌尔里奇·施罗德谈谈这件事，但上午要会见几个克罗地亚客人，觉得等下午再找他也不迟，反正不差这几个小时。

德国经济评论家哈恩说，在这家银行，上到董事长，下到操作员，没有一个人是愚蠢的，可悲的是，几乎在同一时间，每个人都开了点小差，加在一起，就创造出了"德国最愚蠢的银行"。

主题三　服从执行

融入组织

图片荟萃

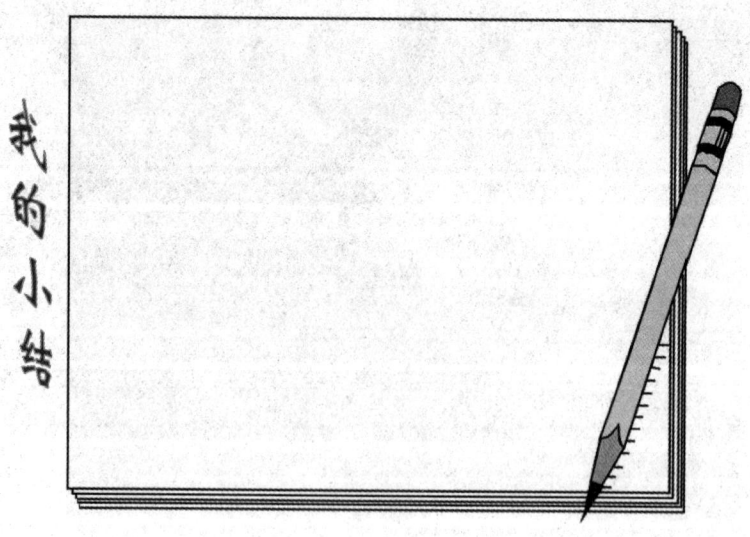

小小的我的小结

主题四　文化认同

主题引入

实践证明，与组织价值观相符的人方能在组织中获得发展，对职业的认同、对组织价值观的认同决定着一个人的职业成就。本主题旨在培养学生对组织、学校和国家的归属感、认同感，从而激发学生对组织、学校和国家的热爱之情。

课前准备

准备项目	准备内容和要求
礼仪准备	不迟到、早退；不可穿拖鞋；主动向老师问好等
课堂准备	教室卫生干净、明亮；帮助老师擦黑板；手机调成振动或关机等
主题准备	学习资料、团队任务准备、签字笔、学材

我的团队

组　名				
口　号				
我的角色		人　数		组　长
团队成员				

主题四　文化认同

模块一　组织认同

文化认同的最基本的载体是个人，无数个人对文化的认同构成了一个群体对于文化的认同。每个人都要属于一个组织，这个组织或许是我们学习所在的班级集体，或许是工作所在的企业，或许是生活所在家庭、社区等。我们首先要认可我们所在的组织，如同认可我们的家庭和出身一样。这样才能在组织中找到归属感，从而在组织中获得发展和成长。

 **活动简介**

活动一：我在组织中成长

我骄傲，我的家乡

我骄傲，我的家庭

我骄傲，我的班级……

活动二："滚雪球"游戏

1. 七人一组，每组围成一圈。

2. 逆时针方向开始"滚雪球"式介绍。介绍自己的姓名、班级、专业、学校，籍贯（国籍）（比如："我是来自 xx 地方 xx 学校 xx 专业 xx 班级 xxx"）。后面的人重复前面的介绍，以此类推。

3. 小组分享：通过玩这个"滚雪球"的游戏，你有什么感想？

活动二：人人都是一滴水

1. 说说自己的理解："人人都是一滴水"。

2. 说说：假如你是一滴水，如何才能不干涸。

注意事项

1. 活动过程中，关注每个同学，让每个人都参与进来。
2. 活动三需要营造一个安静的环境和氛围。
3. 请同学们认真投入，关注内心的真实感受。

学习导航

一、相关概念

1. 文化认同

文化认同指个体对于所属文化的归属感及内心的承诺从而获得保持与创新自身文化属性的社会心理过程。

2. 集体归属感

指人有一种归属的需要，渴望将自己归属到某个集体中去，成为这个集体的一员感到光荣和自豪。

二、相关资料

1. 缺乏归属感易患抑郁症

心理学家对归属感问题进行了大量研究，现在认为，缺乏归属感的人会对自己从事的工作缺乏激情，责任感不强；社交圈子狭窄，朋友不多；业余生活单调，缺乏兴趣爱好。每个人都害怕孤独和寂寞，希望自己归属于某一个或多个群体，如有家庭，有工作单位。希望加入某个协会、某个团体，这样可以从中得到温暖，获得帮助和爱，从而消除或减少孤独和寂寞感，获得安全感。在群体内，成员可以与别人保持联系，获得友情与支持；成员间在发生相互作用时，其行为表现是协调的，同一个群体的成员在一致对外时，不会发生矛盾和摩擦，彼此都体会到大家都同属于一个群体，特别是当群体受到攻击或群体取得荣誉的时候，群体成员会表现得更加团结。最近，美国密歇根大学研究人员的一项最新研究显示，缺乏归属感可能会增加一个人患抑郁症的危险。研究人员给31名严重抑郁症患者和379个社区学院的学生寄出问卷，问卷内容主要集中在心理上的归属感、个人的社会关系网和社会活动范围、冲突感、寂寞感等问题上。调查发现，归属感是一个人可能经历抑郁症的最好预测剂。

2. 一滴水怎样才能不干涸

孤零零的一滴水，论容量只能以毫升计，体积也微乎其微，风能吹干它，阳光也能晒干它，其寿命能有几何……

是的，一滴水的寿命是短暂的。但当它汇入大海，与浩瀚的大海融为一体时，就获得了新的生命。大海永远不会干涸，一滴水就永存于大海之中。雷锋同志说："一滴水只有放进大海里才能永远不干，一个人只有当他把自己和集体事业融合在一起的时候才能有力量。"可见，团结就有力量。

有一位哲学家曾经说过：人生必须进取，才不愧为有理智的人。

一个人来到这个世界上，他就要向世界证明：我实实在在，真真切切地活着。永远不要说放弃，这是一种坚定的信念和执着的追求，也是一种可贵的自信。奋斗是艰苦的，改革是艰辛的，我们中华民族正是凭着这种勇气，坚守这种准则，我愿成为一颗水滴，融入民族的大海，去开拓自己的人生之路，去描绘民族明天的蓝图。中国人永远不会说放弃。

3. 企业文化落实的一般表现形式

表层：表面现象，如公司徽、商标、办公环境、工作与生活设施、员工礼仪形象等；

中层：支撑工具，如企业的制度、规章、职位晋升、薪酬福利、榜样典型等；

深层：企业精神，如企业价值观念、经营理念等。

三、案例阅读

组织文化认同的途径

成功的组织，在发展过程中都形成了具有组织自身特色的文化，这种文化通过物化和传承，成为了激励组织不断进步、员工不断进取的巨大精神动力。但是，组织文化所起的巨大作用是建立在组织文化本身的先进性和员工的认同度基础之上的，组织文化不是教条和口号，它必须落实到组织管理的各项工作中，也只有实样，才能得到员工的认同。

1. 让员工参与组织文化建设

任何组织都有文化，在经历多年的风风雨雨后，组织实际上已经有了深厚的文化沉淀，员工已形成了一定的价值取向和行为习惯。因此，在对组织文化进行重建时，就必须注意和已有组织文化的融合、必须关注整个组织的价值观和行为方式、必须得到员工广泛的认同。要得到员工的认同，首先是在组织文化建设的起始阶段，高层管理者就应该创造各种机会让全体员工参与进来，共同探讨、共同建设；接下来的组织文化导入阶段，应摒弃那种假大空的说教，要组织员工结合自己的具体工作进行讨论，要让员工意识到自己的日常工作实际上就是组织文化的一种表现形式。

2. 管理高层要身体力行，忠实地严守组织的价值观

组织文化一定程度上总是反映了组织领导特定的价值观念和领导风格，因此，作为领导者必须担当起组织文化建设推动者这一角色。作为组织文化的建筑师，管理高层承担着组织文化建设最重要也最直接的工作，要塑造组织文化，高层管理者先要把自己塑造成组织文化的楷模，因为，组织的高层领导往往既是文化、制度的塑造者，同时又是理念、制度的破坏者，他们的一言一行都对组织文化的形成起着至关重要的作用。要从点滴做起，充分利用工具。

3. 各级管理者必须承担起弘扬组织文化的任务

组织文化建设牵涉面广，不仅需要组织中每个职工的积极参与，更需要以下几个部门发挥主导作用，协同努力。

第一是人力资源部。在招聘人员时要以组织文化作为选人的重要根据，保证人员进入质量；在提拔干部时也要以组织文化为依据，使那些具备较强能力又与组织文化精神相符的人员放到重要岗位上；在培训时重点突出组织文化精神，使员工真诚地感受到组织文化的存在，转化为员工的自觉行为。

第二是办公室。在统一规划指导下，综合运用CI宣传和内部教育手段，促进员工对组织确立的社会理念、文化观念和价值观的认同，保证员工的个人观念与组织的组织观念相吻合。对自觉以实际行动实践和发扬组织文化并创造出良好的经济效益和社会效益的员工，加大正面宣传力度，保证符合组织文化的人得到更多尊重，增强人才的荣誉感，创造人才成长的良好环境。

第三是党群工作部。除了正常的党务工作，应将其工作重心转移到组织文化建设上来。党务部门应当成为组织文化建设的主力，充分发挥党组织的战斗力和凝聚力。在组织文化建设中，要以组织精神为主线，教育党

员在树立组织形象、争当先进文化的代表方面发挥先锋模范作用,发挥党支部在组织文化建设中的战斗堡垒作用和桥梁作用。

4. 组织文化必须做实和关注细节

执行是组织文化能够发挥功能的利器,没有执行,再好的文化也只不过是五彩的肥皂泡;细节可以衡量组织文化建设的成败,关注细节,使组织文化得到认同并渗透到员工的行为中。

第一是关怀员工与严格管理的统一。一方面,在工作中真正做到尊重员工、善待员工,关心员工的生活福利和职业生涯成长,切切实实把员工当作组织发展的最重要的资源,必须随着组织效益的增长,全面提高员工的工作生活质量。另一方面,组织要从管理制度、用人机制及激励措施上,全面提高员工的知识水平、工作技能和敬业精神,对所有岗位的员工都要严格要求严格管理,真正体现制度面前人人平等。

第二是组织文化活动。娱乐性活动,如员工活动基地、观看电影、图书阅览、征文比赛、摄影比赛、书法比赛、周末舞会、文艺演出、员工运动会、各种球类比赛、游泳、滑冰、野外游乐、钓鱼比赛、刊物板报等;福利性活动,如年节慰问、带薪假期、组织年金、生日关怀、心理指导等;技术性活动,在常规的组织生产、经营之外,围绕组织的生产、经营、技术和智力开发等问题,由组织倡导或员工自发组织进行的技术革新、管理咨询、劳动竞赛、教育培训等活动;思想性活动,如开展形势教育、法制教育、理想教育、道德教育、政治学习和其他有关的思想政治工作。其次,还有一些像新书报告会、生活对话会、沙龙等。

5. 组织文化必须体现到组织的经营管理制度中去

组织经营管理制度是组织在长期的生产、经营和管理实践中生成和发育起来的一种文化现象。它既是组织为实现其盈利目标,要求其成员共同遵守的办事规程等,又是处理其相互之间生产关系的各种规章制度、组织形式的行为准则、行为规范。任何组织都不可能没有制度管理,但是制度是否真正有用、有效,则取决于制度本身的文化进步程度和是否有很强的可操作性。因此制度越清晰明了、越具体,可操作性也就越强,一个组织的文化理念也就越易于渗透到组织的行为中去。

融入组织

模块二　学校认同

校园文化是学校教育的重要组成部分,是学校精神、学校活动、学校秩序和学校环境的集中体现,具有重要的育人功能。加强学校校园文化建设,对于贯彻落实党的教育方针,优化育人环境,促进学生全面发展具有十分重要的意义。作为学生,理解和认同学校的精神文化,按照学校的价值观塑造自我,方能建设平安、健康、文明、和谐校园,促进自己全面发展和健康成长。

活动一：我心目中的省轻工

按照分好的团队,分组讨论现实中省轻工的校园文化,大家心目中的校园文化,学校精神文化。

活动二：校园文化随手拍

请同学们随手拍下校园中文明、不文明的各种行为,并畅谈个人看到这种现象的心理感受。

活动三：校园精神文化见行动

开展校园精神文化的学习、践行活动,如团队知识竞赛、演讲活动,校园精神文化实践活动。

1. 在活动中,注意不要涉及大家的隐私。

2. 校园文化随手拍，主要实在学校的公共场合随手拍下，注意礼貌、避免冲突。

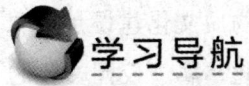 学习导航

一、相关概念

1. 校园文化

校园文化是以学生为主体，以校园为主要空间，并涵盖院校领导、教职工，以育人为主要导向，以精神文化、环境文化、行为文化和制度文化建设等为主要内容，以校园精神、文明为主要特征的一种群体文化。

校园文化包括校园建筑设计、校园景观、绿化美化这种物化形态的内容，也包括学校的传统、校风、学风、人际关系、集体舆论、心理氛围以及学校的各种规章制度和学校成员在共同活动交往中形成的非明文规范的行为准则。健康的校园文化，可以陶冶学生的情操、启迪学生心智，促进学生的全面发展。

2. 校训

校训是广大师生共同遵守的基本行为准则与道德规范，它既是学校办学理念、治校精神的反映，也是校园文化建设的重要内容，是一所学校教风、学风、校风的集中表现，体现学校文化精神的核心内容。

二、相关资料

校园文化建设

1. 按照建设内容分为物质文化、精神文化、制度文化

校园文化重在建设，它包括物质文化建设、精神文化建设和制度文化

建设，这三个方面建设的全面、协调的发展，将为学校树立起完整的文化形象。

物质文化。在校园文化建设中，精神文化是目的，物质文化是实现目的的途径和载体，是推进学校文化建设的必要前提；物质文化建设是校园文化建设的重要组成部分和重要的支撑。校园物质文化，属于校园文化的硬件，是看得见摸的着的东西。校园物质文化的每一个实体，以及各实体之间结构的关系，无不反映了某种教育价值观。

精神文化。校园精神文化建设是校园文化建设的核心内容，也是校园文化的最高层次。它主要包括校园历史传统和被全体师生员工认同的共同文化观念、价值观念、生活观念等意识形态，是一个学校本质、个性、精神面貌的集中反映。校园精神文化又被称为"学校精神"，并具体体现在校风、教风、学风、班风和学校人际关系上。

制度文化。校园制度文化作为校园文化的内在机制，包括学校的传统、仪式和规章制度，是维系学校正常秩序必不可少的保障机制，是校园文化建设的保障系统。

2. 按照呈现形态分为显性文化与隐性文化

显性文化：显性文化包括了校园的物质环境，如校园场地布置、校园活动仪式等。

（1）校园建筑具有德育价值　学生在不会"说话"的校园建筑里学习、活动，不知不觉地接受着道德教育。

（2）校园仪式具有德育价值　如升旗、入团（队）宣誓、运动会入场等学校仪式，既是学校教育的一个组成部分，同时也蕴涵着十分丰富的德育价值。

隐性文化：隐性文化包括校风、班风、人际关系等。

（1）对学生影响最大的是校园人际环境。班级是学生精神成长的摇篮。班级中的人际关系，会影响每一位学生的成长。建立友爱、信赖、关心、负责、和谐的校园人际关系，就是最有德育价值的校园隐性文化。

（2）丰富校园的精神生活，使每一个人都能找到发挥、表现和确立自己力量和创造才能的场所。

（3）校园文化建设的一个重要载体是"书香校园"，通过开展读书活动，鼓励学生读好书，在阅读生动感人、充满人性美的道德文选或文学作品中，激发对真善美之情以及对假丑恶的憎恨感。

三、案例阅读

广东省轻工业技师学院精神文化及释诠

1. 核心理念：一切为了学生的健康成长

作为技工学校，我校学生正处于身心快速发展阶段，独立愿望和自主意识增强，社会认知水平和自我管理能力尚显不足。促进学生健康成长，事关学生个人发展与社会进步，将"一切为了学生的健康成长"作为核心理念，正是学校的使命与责任。

"一切为了学生的健康成长"，是指从学生的身体和心理等方面促进学生全面持续发展。学校的教学、管理、后勤等工作都要以学生健康成长为本，将其作为工作的出发点和落脚点。全体教职员工要成为学生健康成长的引导者，通过课堂教学、文体活动、社会实践等多种途径，让学生身心得到充分的发展。最终使学生拥有健全人格、高尚品德和职业能力走向社会，实现人生价值。

2. 共同愿景：技能人才的成长摇篮，师生员工的精神家园

1974年建立以来，学校风雨兼程，春华秋实。一代代教职员工薪火相传，凭借着对教育事业的忠诚、敬业奉献的精神，培养了一批批高素质技能型人才。将"技能人才的成长摇篮，师生员工的精神家园"作为共同愿景，是基于学校社会责任和发展需要。

"技能人才的成长摇篮"是指学校要成为技能型人才培育和成长的基地，并以此作为学校的根本任务和社会责任。在工业化、城镇化进程中，

需要大量的高素质技能型人才。学校将通过优质的技工教育服务,培育技能人才、促进要素增长,为社会发展、产业升级提供人才支撑。

"师生员工的精神家园"是指学校是师生员工获得发展、实现价值、寻求归宿的场所。学校通过持续发展不断增强师生员工对学校的信心和凝聚力;师生员工作为学校主人,心系学校兴衰,携手将学校建设成为心灵安慰、精神寄托的温馨港湾。

3. 学校精神:团结、践行、创新、奉献

"团结、践行、创新、奉献"是学校积淀形成的特有精神品质。团结是根本,践行是关键,创新是动力,奉献是境界。

团结是指师生员工为一整体,同心协力,荣辱与共;旨在勉励师生树立无界化理念和大局意识,心往一处想、劲往一处使、柴多火旺、水涨船高,为实现学校的愿景目标共同努力。践行是指躬身实践、履行诺言,以实际行动执行计划、完成任务;旨在勉励师生员工在日常工作学习中踏实工作、勤奋学习,做行动的表率。

创新是指遵循教育规律,不断突破常规,变革图强,是学校科学发展的动力,也是师生提升自我、创造幸福生活的源泉;旨在勉励师生大胆探索新方法、新载体、新内涵、新举措,推动学校事业良性发展。奉献是指为学校事业真诚自愿地付出行为,是学校精神的最高境界;旨在勉励师生员工在各自岗位,通过不同形式为学校事业发展尽心尽力。

4. 校训:厚德立身,学技自强

"厚德立身,学技自强"是学校办学传统、教育理念的高度凝练。学校从上无片瓦、下无寸土到全国技工教育示范基地建立,全体师生员工以德立身、以技自强;"品德技能合一"教育教学改革,立德树人。

"厚德立身"是指将品德作为待人处事的根本,既会做人又会做事。旨在勉励师生员工不断提升品德素养,教师要成为践行品德的模范,潜心育人,学生要成为品德优良、心智健全的高素质技能型人才,以德铸魂。"学技自强"是指通过对技能的不懈追求和不断提升,逐步走向成熟和独立。旨在勉励师生在技能上不断提升,教师要成为技艺高超的教育者,学生要成为技能过硬的一流技工。

"厚德立身,学技自强"是广大师生员工共同遵守的行为准则与规范,要求全体师生员工脚踏实地、不屈不挠、战胜自我、永远向上,力争在品德与技能两个方面都达到最高境界。

5. 校风:知礼守信、善思力行

知礼守信是对学校对师生员工做人做事的要求和期望;善思力行是指导师生员工做人做事的思维和方式。

知礼是指讲礼貌、懂礼节、行礼仪;旨在勉励师生员工从仪容仪表、社会公德、职业道德等方面律己修身,人人知礼、校园和谐,良好的育人氛围自然形成。守信是指信守诺言、坚守信用,是现代社会契约精神的基本要求,是学生走向社会的通行证;旨在勉励师生员工待人处事讲信誉,言必行、行必果。

善思是指善于思考、勤于反省,是个人提升与成长的重要途径;旨在勉励师生员工做学习与生活的有心人,经常思考品德与技能的融合和做人的道理。力行是指努力实践,竭力而行,不断将品德和技能两方面的所思所悟付诸实践;旨在勉励师生员工在工作和生活中要求真务实、忌好高骛远,要多做实事、忌空话连篇,要实干兴业,忌空谈误校。

请记下学校精神文化

_____

_____

_____

_____

_____

_____

_____

模块三 国家认同

爱国，是一个永恒不变的主题。爱国，如同爱你的父母你的家，因为父母是生你养你的人，你们之间一开始就有了血缘关系；而家又是你生长的地方，同时给了你一种归属感。国家与我们每个人息息相关，我们与国家之间也有一种天然的血缘关系，国家也是中华儿女成长的地方，同样也给我们一种归属感。我们要热爱自己的国家，维护我们的家，作为当代技师院校学生，要有强烈的爱国之情和祖国认同感。

活动简介

活动一：寻访——参观爱国教育基地

参观爱国主义教育基地，了解中国的建党、建国、改革发展到现在的历史。5 个小组抽签选择不同的历史阶段（1840～1921 年、1921～1949 年、1949～1978 年、1978～2000 年、2000 年至今）具体任务书：

1. 请小组抽签选择不同的历史阶段（1840～1921 年、1921～1949 年、1949～1978 年、1978～2000 年、2000 年至今），寻找广州市相对应的这五个阶段一至两个有代表性的地方。

2. 到达后先了解此地方的历史背景与意义，并在该处找出最有代表性或象征意义的 2～3 处地方，小组成员集体合影。

3. 完成后请到小组老师处随机抽取一个任务，完成任务后返回。

活动二：寻访活动分享

1. 重演历史

（1）分组进行讲解，时间为 20～30 分钟（小组成员集体参与）。

（2）每组演示结束，其他小组相互补充。

2. 活动分享。

注意事项

1. 活动中，要关注到每一个同学，让每个同学参与其中。
2. 外出寻访活动，要注意安全，要进行安全教育并留下记录。
3. 活动过程中，要注意团队协作。

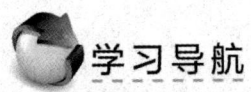

学习导航

一、相关概念

1. 社会主义核心价值观

社会主义核心价值观，是指人们对社会主义价值的性质、构成、标准和评价的根本看法和态度，是人们从主体的需要和客体能否满足主体的需要以及如何满足主体需要的角度，考察和评价各种物质的、精神的现象及主体的行为对个人、无产阶级、社会主义社会的意义。

2. 爱国主义

爱国主义是指个人或集体对"祖国"的一种积极和支持的态度。这里的"祖国"可以是一个区域或者城市，但是爱国主义一般用于某个国家或者联邦。

二、相关资料

1. 社会主义核心价值观

社会主义核心价值观主要由坚持马克思主义指导思想，坚持中国特色社会主义共同理想，坚持以爱国主义为核心的民族精神和以改革创新为核心的时代精神和坚持社会主义荣辱观组成。2012年11月，党的十八大报告首次以12个词概括了社会主义核心价值观："倡导富强、民主、文明、和谐，倡导自由、平等、公正、法治，倡导爱国、敬业、诚信、友善，积极培育社会主义核心价值观。"

（1）马克思主义指导思想　马克思主义是我们立党立国的根本指导思想。在我国社会主义核心价值体系建设中，马克思主义为我们提供了正确的世界观和方法论，提供了正确认识世界和改造世界的强大思想武器。只有用马克思主义的立场、观点、方法来正确认识经济社会发展大势，正确认识社会思想意识中的主流与支流，才能在错综复杂的社会现象中看清本质、明确方向。

（2）中国特色社会主义共同理想　理想是一个民族、一个社会的灵魂所系。建设中国特色社会主义，把我国建设成为富强、民主、文明、和谐的社会主义现代化国家，是我们党在现阶段的奋斗目标和行动纲领，也是我国各族人民在社会主义初级阶段的共同理想。这个共同理想，立足于我国的现实，高于我国的现实，符合我国社会主义发展的客观规律，是科学的社会理想。

（3）以爱国主义为核心的民族精神　民族精神和时代精神是一个民族赖以生存和发展的精神支撑。一个民族，没有振奋的精神和高尚的品格，不可能自立于世界民族之林。在五千多年的发展中,中华民族形成了以爱国主义为核心的团结统一、爱好和平、勤劳勇敢、自强不息的伟大民族精神。

(4) 坚持以改革创新为核心的时代精神　在改革开放新时期,中华民族又形成了勇于改革、敢于创新的时代精神。这一民族精神和时代精神,包括了天下兴亡、匹夫有责,富贵不淫、贫贱不移、威武不屈,先天下之忧而忧、后天下之乐而乐等民族优良传统;包括了我们党领导人民在长期革命斗争中形成的井冈山精神、长征精神、延安精神、西柏坡精神等优良传统;包括了在社会主义建设时期形成的大庆精神、雷锋精神、"两弹一星"精神等优良传统;包括了在改革开放新时期形成的"64字创业精神"、九八抗洪精神、抗击非典精神、青藏铁路精神等优良传统。

(5) 社会主义荣辱观　以"八荣八耻"为主要内容的社会主义荣辱观,明确了当代社会最基本的价值取向和行为准则,涵盖了人生态度、社会风尚的方方面面,体现了社会主义基本道德规范,体现了中华民族传统美德、优秀革命道德与时代精神的完美结合。社会主义荣辱观作为社会主义核心价值体系的重要组成部分,已经成为并将继续成为引领社会风尚的一面旗帜。

(6) 八荣八耻

以热爱祖国为荣,以危害祖国为耻;

以服务人民为荣,以背离人民为耻;

以崇尚科学为荣,以愚昧无知为耻;

以辛勤劳动为荣,以好逸恶劳为耻;

以团结互助为荣,以损人利己为耻;

以诚实守信为荣,以见利忘义为耻;

以遵纪守法为荣,以违法乱纪为耻;

以艰苦奋斗为荣,以骄奢淫逸为耻。

2. 钓鱼岛是中国的固有领土

■ 融入组织

钓鱼岛及其附属岛屿是中国领土不可分割的一部分。无论从历史、地理还是从法理的角度来看，钓鱼岛都是中国的固有领土，中国对其拥有无可争辩的主权。日本在1895年利用甲午战争窃取钓鱼岛是非法无效的。第二次世界大战后，根据《开罗宣言》和《波茨坦公告》等国际法律文件，钓鱼岛回归中国。无论日本对钓鱼岛采取任何单方面举措，都不能改变钓鱼岛属于中国的事实。长期以来，日本在钓鱼岛问题上不时制造事端。2012年9月10日，日本政府宣布"购买"钓鱼岛及附属的南小岛、北小岛，实施所谓"国有化"。这是对中国领土主权的严重侵犯，是对历史事实和国际法理的严重践踏。

中国坚决反对和遏制日本采取任何方式侵犯中国对钓鱼岛的主权。中国在钓鱼岛问题上的立场是明确的、一贯的，维护国家主权和领土完整的意志坚定不移，捍卫世界反法西斯战争胜利成果的决心毫不动摇。

钓鱼岛及其附属岛屿位于中国台湾岛的东北部，是台湾的附属岛屿，分布在东经123°20′~124°40′，北纬25°40′~26°00′之间的海域，由钓鱼岛、黄尾屿、赤尾屿、南小岛、北小岛、南屿、北屿、飞屿等岛礁组成，总面积约5.69平方千米。钓鱼岛位于该海域的最西端，面积约3.91平方千米，是该海域面积最大的岛屿，主峰海拔362米。黄尾屿位于钓鱼岛东北约27千米，面积约0.91平方千米，是该海域的第二大岛，最高海拔117米。赤尾屿位于钓鱼岛东北约110千米，是该海域最东端的岛屿，面积约0.065平方千米，最高海拔75米。

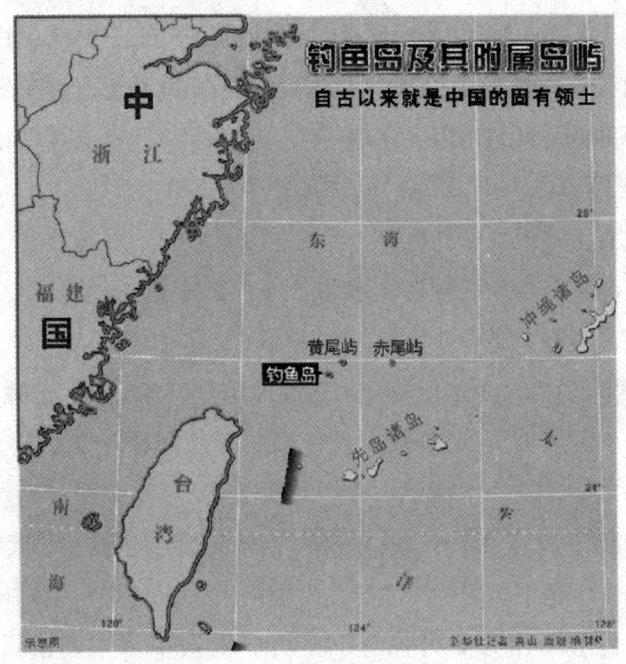

（1）中国最先发现、命名和利用钓鱼岛　中国古代先民在经营海洋和从事海上渔业的实践中，最早发现钓鱼岛并予以命名。在中国古代文献中，钓鱼岛又称钓鱼屿、钓鱼台。目前所见最早记载钓鱼岛、赤尾屿等地名的史籍，是成书于1403年（明永乐元年）的《顺风相送》。这表明，早在十四、十五世纪中国就已经发现并命名了钓鱼岛。

1372年（明洪武五年），琉球国王向明朝朝贡，明太祖遣使前往琉球。至1866年（清同治五年）近500年间，明清两代朝廷先后24次派遣使臣前往琉球王国册封，钓鱼岛是册封使前往琉球的途经之地，有关钓鱼岛的记载大量出现在中国使臣撰写的报告中。例如，明朝册封使陈侃所著《使琉球录》（1534年）明确记载"过钓鱼屿，过黄毛屿，过赤屿，……见古米山，乃属琉球者"。明朝册封使郭汝霖所著《使琉球录》（1562年）记载，"赤屿者，界琉球地方山也"。清朝册封副使徐葆光所著《中山传信录》（1719年）明确记载，从福建到琉球，经花瓶屿、彭佳屿、钓鱼岛、黄尾屿、赤尾屿,"取姑米山(琉球西南方界上镇山)、马齿岛,入琉球那霸港"。

1650年,琉球国相向象贤监修的琉球国第一部正史《中山世鉴》记载,古米山(亦称姑米山,今久米岛)是琉球的领土,而赤屿(今赤尾屿)及其以西则非琉球领土。1708年,琉球学者、紫金大夫程顺则所著《指南广义》记载,姑米山为"琉球西南界上之镇山"。

以上史料清楚记载着钓鱼岛、赤尾屿属于中国,久米岛属于琉球,分界线在赤尾屿和久米岛之间的黑水沟(今冲绳海槽)。明朝册封副使谢杰所著《琉球录撮要补遗》(1579年)记载,"去由沧水入黑水,归由黑水入沧水"。明朝册封使夏子阳所著《使琉球录》(1606年)记载,"水离黑入沧,必是中国之界"。清朝册封使汪辑所著《使琉球杂录》(1683年)记载,赤屿之外的"黑水沟"即是"中外之界"。清朝册封副使周煌所著《琉球国志略》(1756年)记载,琉球"海面西距黑水沟,与闽海界"。

钓鱼岛海域是中国的传统渔场,中国渔民世世代代在该海域从事渔业生产活动。钓鱼岛作为航海标志,在历史上被中国东南沿海民众广泛利用。

(2) 中国对钓鱼岛实行了长期管辖 早在明朝初期,为防御东南沿海的倭寇,中国就将钓鱼岛列入防区。1561年(明嘉靖四十年),明朝驻防东南沿海的最高将领胡宗宪主持、郑若曾编纂的《筹海图编》一书,明确将钓鱼岛等岛屿编入"沿海山沙图",纳入明朝的海防范围内。1605年(明万历三十三年)徐必达等人绘制的《乾坤一统海防全图》及1621年(明天启元年)茅元仪绘制的中国海防图《武备志·海防二·福建沿海山沙图》,也将钓鱼岛等岛屿划入中国海疆之内。

清朝不仅沿袭了明朝的做法,继续将钓鱼岛等岛屿列入中国海防范围内,而且明确将其置于台湾地方政府的行政管辖之下。清代《台海使槎录》、《台湾府志》等官方文献详细记载了对钓鱼岛的管辖情况。1871年(清同治十年)刊印的陈寿祺等编纂的《重纂福建通志》卷八十六将钓鱼岛列入海防冲要,隶属台湾府噶玛兰厅(今台湾省宜兰县)管辖。

（3）中外地图标绘钓鱼岛属于中国　1579年（明万历七年）明朝册封使萧崇业所著《使琉球录》中的"琉球过海图"、1629年（明崇祯二年）茅瑞徵撰写的《皇明象胥录》、1767年（清乾隆三十二年）绘制的《坤舆全图》、1863年（清同治二年）刊行的《皇朝中外一统舆图》等，都将钓鱼岛列入中国版图。

日本最早记载钓鱼岛的文献为1785年林子平所著《三国通览图说》的附图"琉球三省并三十六岛之图"，该图将钓鱼岛列在琉球三十六岛之外，并与中国大陆绘成同色，意指钓鱼岛为中国领土的一部分。

1809年法国地理学家皮耶·拉比等绘《东中国海沿岸各国图》，将钓鱼岛、黄尾屿、赤尾屿绘成与台湾岛相同的颜色。1811年英国出版的《最新中国地图》、1859年美国出版的《柯顿的中国》、1877年英国海军编制的《中国东海沿海自香港至辽东湾海图》等地图，都将钓鱼岛列入中国版图。

资料来源：《钓鱼岛是中国的固有领土》白皮书。

3. 如何理性爱国

作为一名当代青年学生，时代对我们爱国的要求不同于历史上的任何一个时代，爱国已不再是单纯地为国家牺牲，而是要学会理性的爱国，不做没必要的牺牲。把理性的思想容入爱国的情怀之中，这样爱国的热情不但不会消退，反而在经过思考，经过比较，然后再决定自己的爱国行为，这反而是一个进步，是理性和热情相互结合爱国行为。

作为一名青年学生，我们可以用爱国的思想来鞭策自己，努力学习，掌握现代技术，用娴熟的技能来报效祖国。这就是我们容易做到，而且又是最有实现的爱国行为。同时，我们还应提高自己的政治觉悟，不要被那些举着爱国主义的幌子的不良组织所迷惑，不要参加一些破坏国家经济建设的活动。做好自己应该做的事就是一种爱国的表现。工人，尽工职守；军人，保卫祖国；农民，勤劳耕种，这就是爱国。所以，作为一名在校学生，认真学习，不断进取，在学习生活中给同学们起榜样的作用，这就是爱国。

三、案例阅读

钱学森的祖国情怀

钱学森同志,1934年毕业于上海交通大学机械工程系。是人类航天科技的重要开创者和主要奠基人之一,是航空领域的世界级权威、空气动力学学科的第三代掌旗人,是工程控制论的创始人,是20世纪应用数学和应用力学领域的领袖人物——堪称20世纪应用科学领域最为杰出的科学家,他在20世纪40年代就已经成为和其恩师冯·卡门并驾齐驱的航空航天领域内最为杰出的代表人物,成为20世纪众多学科领域的科学群星中,极少数的巨星之一;钱学森同志也是为新中国的成长做出无可估量贡献的老一辈科学家团体之中,影响最大、功勋最为卓著的杰出代表人物,是新中国爱国留学归国人员中最具代表性的国家建设者,是新中国历史上伟大的人民科学家:被誉为"中国航天之父"、"中国导弹之父"、"火箭之王"、"中国自动化控制之父"。中国国务院、中央军委授予"国家杰出贡献科学家"荣誉称号,获中共中央、国务院中央军委颁发的"两弹一星"功勋奖章。

钱学森 1911 年 12 月出生于上海，祖籍浙江省临安县。1923 年 9 月进入北京师范大学附属中学学习，1929 年 9 月考入上海交通大学机械工程系铁道门，1934 年 6 月考取公费留学生，次年 9 月进入美国麻省理工学院航空系学习，1936 年 9 月转入美国加州理工学院航空系，师从世界著名空气动力学教授冯·卡门，先后获航空工程硕士学位和航空、数学博士学位。1938 年 7 月至 1955 年 8 月，钱学森在美国从事空气动力学、固体力学和火箭、导弹等领域研究，并与导师共同完成高速空气动力学问题研究课题和建立"卡门-钱近似"公式，在 28 岁时就成为世界知名的空气动力学家。

1950 年，钱学森同志争取回归祖国，而当时美国海军次长金布尔声称："钱学森无论走到哪里，都抵得上 5 个师的兵力，我宁可把他击毙在美国，也不能让他离开。"钱学森同志由此受到美国政府迫害，遭到软禁，失去自由。

1955 年 10 月，经过周恩来总理在与美国外交谈判上的不断努力——甚至不惜释放 15 名在朝鲜战争中俘获的美军高级将领作为交换，钱学森同志终于冲破种种阻力回到了祖国，自 1958 年 4 月起，他长期担任火箭导弹和航天器研制的技术领导职务，为中国火箭和导弹技术的发展提出了极为重要的实施方案——为中国火箭、导弹和航天事业的发展做出了不可磨灭的巨大贡献。

1956 年初，他向中共中央、国务院提出《建立我国国防航空工业的意见书》；同年，国务院、中央军委根据他的建议，成立了导弹、航空科学研究的领导机构——航空工业委员会，并任命他为委员长。

1956 年参加中国第一次 5 年科学规划的确定，钱学森与钱伟长、钱三强一起，被周恩来称为中国科技界的"三钱"，钱学森受命组建中国第一个火箭、导弹研究所——国防部第五研究院并担任首任院长。他主持完成了"喷气和火箭技术的建立"规划，参与了近程导弹、中近程导弹和中国第一颗人造地球卫星的研制，直接领导了用中近程导弹运载原子弹"两弹结合"试验，参与制定了中国近程导弹运载原子弹"两弹结合"试验，参

融入组织

与制定了中国第一个星际航空的发展规划，发展建立了工程控制论和系统学等。

1958年4月起，他长期担任火箭导弹和航天器研制的技术领导，对中国火箭导弹和航天事业的发展作出了重大贡献。钱学森曾是全国政协副主席、中国科学院数理化学部委员、中国宇航学会名誉理事长、中国科技协会主席。1991年10月，国务院、中央军委授予钱学森"国家杰出贡献科学家"荣誉称号和一级英雄模范奖章。

钱学森同志于1959年加入中国共产党，先后担任了中国科学院力学研究所所长、第七机械工业部副部长、国防科工委副主任、中国科技协会名誉主席、中国人民政治协商会议第六、七、八届全国委员会副主席、中国科学院数理化学部委员、中国宇航学会名誉理事长、中国人民解放军总装备部科技委高级顾问等重要职务；他还兼任中国自动化学会第一、二届理事长；1991年10月，国务院、中央军委授予钱学森"国家杰出贡献科学家"荣誉称号和一级英雄模范奖章。在钱学森心里"国为重，家为轻，科学最重，名利最轻。五年归国路，十年两弹成。"

主题四 文化认同

图片荟萃

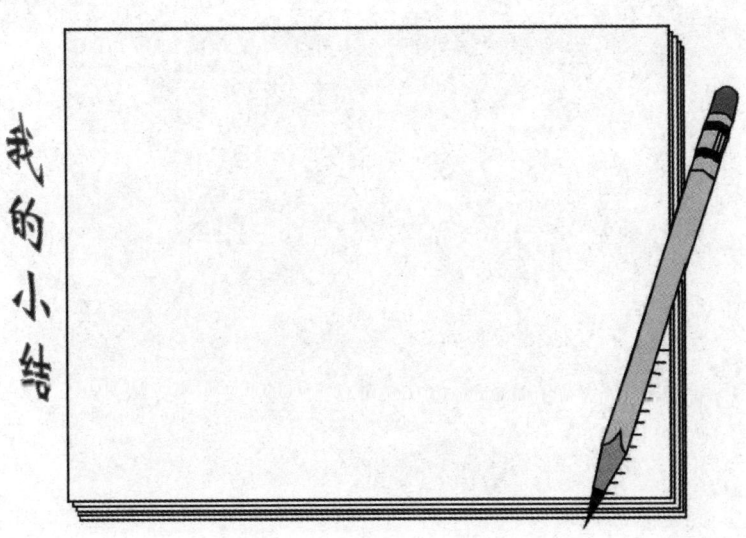

告小的我

主题五　公民素养

主题引入

近年来，公民道德和价值观越来越受到国家和社会的关注。技工教育作为培养专业技能人才的职业教育，更应关注学生的公民教育。学生在校是一名学生，但走向社会是一位公民，应该具备公德基本道德和规范。也只有成为一名合格的公民，具有良好的社会道德和责任意识，才能对产品负责，生产出优质的产品。

课前准备

准备项目	准备内容和要求
礼仪准备	不迟到、早退；不可穿拖鞋；主动向老师问好等
课堂准备	教室卫生干净、明亮；帮助老师擦黑板；手机调成振动或关机等
主题准备	学习资料、团队任务准备、签字笔、学材

我的团队

组　名			
口　号			
我的角色	人　数	组　长	
团队成员			

模块一　社会公德

中国幸福学认为，道德是人们为了我们群体的利益而约定俗成的我们应该做什么和不应该做什么的行为规范。公德一般是指存在于社会群体中间的道德，是生活于社会中的人们为了我们群体的利益而约定俗成的我们应该做什么我们应该做什么和不应该做什么的行为规范。那社会公德是指在人类长期社会实践中逐渐形成的、要求每个社会公民在履行社会义务或涉及社会公众利益的活动中应当遵循的道德准则。在本质上是一个国家，一个民族或者一个群体，在历史长河中、在社会实践活动中积淀下来的道德准则，文化观念和思想传统。它对维系社会公共生活和调整人与人之间的关系具有重要作用。

活动简介

活动一：社会公德现象分析、社会公德讨论

活动二：寻找"闪光点"

以小组为单位，寻找自己小组里面穿着最得体、行为最规范的同学，挖掘他们身上的亮点和要素。

活动三：寻找"雷锋"

全班同学以匿名投票的形式推举班级里人缘最好的人，并要说明自己推举他（她）的理由。

注意事项

1. 活动过程中，每个同学都要真正地、积极地参与进来。
2. 请同学们认真投入，寻找优秀同学他们身上的闪光点。
3. 在做完这些活动之后，请反问一下自己，"我"身上的闪光点是什么？

学习导航

一、相关概念

1. 公德

公德是一个国家，一个民族或者一个群体，在历史长河中，在社会实践活动中积淀下来的公共道德准则，文化观念和思想传统。

2. 公德意识

公德意识是规范人与人之间在社会公共生活领域交往行为的规则意识。

3. 公德心

公德心是指恪守公共道德，维护公共道德的行为规范或心理。

4. 社会公德

社会公德是指人们在社会交往和公共生活中应该遵守的行为准则，是维护社会成员之间最基本的社会关系秩序、保证社会和谐稳定的最起码的道德要求。

社会公德有广义和狭义的理解。广义的社会公德是指：反映阶级、民族或社会共同利益的道德。它包括一定社会、一定国家特别提倡和实行的道德要求，甚至还以法律规定的形式，使之得以重视和推行。狭义的社会公德是特指人类在长期社会生活实践中逐渐积累起来的、为社会公共生活所必需的、最简单、最起码的公共生活准则。它一般指影响着公共生活的公共秩序、文明礼貌、清洁卫生以及其他影响社会生活的行为规范。社会公德是人类社会生活最基本、最广泛、最一般关系的反映。在阶级社会中，尽管存在各种不同阶级的划分，存在着各种不同的分工，但处于同一时代的同一社会环境里的全体社会成员，为了彼此的交往，为了维持社会的起码生活秩序，都必须遵守为这个时代和这个社会所必需的起码的简单生活规则。

二、相关资料

1. 在我国现代社会中，个人公德的主要内容

（1）文明礼貌　社会公共生活中人与人之间应该和谐相处，举止文明以礼相待。自觉杜绝说脏话、随便猜疑、欺骗他人等恶习。这是处世做人

最起码的要求。

（2）助人为乐　助人为乐，是社会成员在公共生活交往中用以调整相互关系的最一般的行为规范之一。在公共生活中，人与人之间应该团结友爱，相互关心，相互帮助。现实生活中不可能人人都时时快乐、事事顺心，难免会遇到这样和那样的困难和问题，总有需要人帮助、救济的时候。这就需要人们之间互相帮助，扶危济困，乐善好施，以助人为乐。对不法行为，每个公民都应当分清是非，挺身而出，智斗勇斗，见义勇为，都有责任和义务自觉维护社会治安。

（3）爱护公物　爱护公共财物是社会公德极其重要的内容。尤其在公共场合更要注意这一点。要爱护国家及公共财产不受侵犯。

（4）保护环境　为了保持社会公共生活的环境整洁、舒适和干净，保障社会成员的身体健康，每个公民都应当讲究公共卫生、保护生活环境，这也是社会公共生活中人们应当遵循的最基本的行为规范。讲究公共卫生，造成优美环境，是人身心健康的重要保证；是社会风尚的一个重要方面，体现出一个民族的文明程度和精神面貌。

（5）遵纪守法　法律是对公民行为的必要约束及规范，是对道德的补充。自觉遵守法律法规、纪律，是社会公德最基本的要求。公共生活中人们要能顺利地进行社会活动，就必须要有规矩可循，就必须遵循一定的行为规范。每个社会成员既要遵守国家颁布的有关法律、法规，也要遵守特定公共场所的有关规定。人们只有依照法律、法规及纪律的有关规定行事，才不妨碍他人的正常活动，也保障自己所要从事的某项活动；才不会给社会和他人造成损失和伤害，保持社会公共生活相对稳定和谐，并保证社会的健康发展。遵纪守法反映了人们的共同要求，体现了人们共同的利益。每个社会成员都应自觉提高法律意识、增强法纪观念，自觉用法纪来指导和约束自己的行为，自觉履行法纪规定的义务，敢于并善于运用法律武器同各种违法乱纪现象作斗争，并能正确运用法纪手段保护自己的合法权益不受侵犯，真正做到知纪懂法，遵纪守法。

2. 社会公德是人类社会文明成果的一种沉淀和积累

社会公德具有以下几个特点：

（1）基础性　社会公德是社会道德体系的基础层次，在每一个社会都被看做是最起码的道德准则，是为维护社会公共生活的正常进行而提出的最基本的道德要求。遵守社会公德，是对社会生活中每个人的最低层次的道德要求，在此基础之上还有许多更高的道德标准和道德要求。社会公德水平的高低又昭示着一个社会道德风气好坏的程度。

（2）全民性　社会公德是社会全体成员都必须遵守的道德规范，具有最广泛的群众性和适用范围。在同一社会中，任何社会成员不管属于哪个阶级或从事何种职业，对于社会公共生活的简单规则，都必须遵守，否则就要受到社会舆论的谴责。国家、社会团体、机关单位有时甚至可以以国家权力或行政权力、经济权力予以干预。

（3）相对稳定性　社会公德作为"多少世纪以来人们就知道的、千百年来在一切行为守则上反复谈到的、起码的公共生活规则"，是人类世世代代调整公共生活中最一般关系的经验的结晶。这种最一般的关系，在不同时代、不同社会形态里都存在着，因而，调整这种关系的社会公德在历史上比起其他各种道德分支来，具有更多地稳定性。而且社会公德总是随着社会物质文明和精神文明的发展，保存和发扬其进步的、合理的方面，剔除其落后的、不合理的部分。

（4）简明性　社会公德大多是生活经验的积累和风俗习惯的提炼，往往不需要做更多的说明就能被人们理解。

三、案例阅读

公德
——冯骥才

在汉堡定居的一个中国人，对我讲了他的一次亲身感受：

他刚到汉堡时，跟几个德国青年驾车到郊外游玩。他在车里吃香蕉，看车窗外没人，就顺手把香蕉皮扔了出去。驾车的德国青年马上"吱"地来了个急刹车，下去拾起香蕉皮塞到一个废纸兜里，放进车中。对他说："这样别人会滑倒的。"

在欧美的快餐店里，有个不成文的规定，吃完东西要把用过的纸盘纸杯扔进店内设置的大塑料箱内，以保持环境的整洁。为了使别人舒适，不妨碍别人，这叫公德。

在美国碰到过两件小事，我记忆犹新。

一次是在华盛顿艺术博物馆前的开阔地上，一个身穿大衣的男人猫腰在地上拾废纸。当风吹起一块废纸时，他就像蝴蝶一样跟着跑，抓住后放在垃圾筒内，直到把地上的乱纸拾净，拍拍手上的土，走了。这人是谁，不知道。

另一次是在芝加哥的音乐厅。休息室的一角是可以抽烟的，摆着几个面盆大小的落地式烟灰缸，里面全是银白色的细砂，为了不叫里边的烟灰显得难看，表面看去大烟缸里没有一根烟蒂。但我用手一拂，几个烟蒂被指间勾起来。原来人们都把烟蒂按埋在下面了。值得深思的是，没有一个人不这样做。

有人说，美国人的文化很浅，但文化很好。我十分赞同这见解。教育好，可以使文化浅的国家的很文明；教育不好，却能使文化古老国家的人文明程度很低，素质很差。教育中的"德"，一个重要成分是公德。公德的根本是重视他人的存在。

美好的环境培养人们的公德，比如说清洁的新加坡，即便有随地吐痰恶习的人也不会把痰唾在光洁如洗的地面上。相反，混乱肮脏的环境中更易滋生恶习和产生破坏公德的行为，比如纽约地铁的墙壁和车厢内外到处胡涂乱抹，污秽不堪，人们的烟头乱纸也就随手抛了。

好的招致好的，坏的传染坏的，善的感染善的，恶的刺激恶的，世上万事皆同此理。

公交地铁"勿忘公德"

济南117路双层公交车司机李娜行车途中突闻车上有股臭味,以为车上天然气泄漏,遂停车检查,未见异常。行不多久,又闻臭味,为安全起见,她及时疏散了车上乘客,最后发现是后门楼梯下有位戴耳机女孩正吃榴莲,臭味正是榴莲发出来的,闹出一场虚惊。(据《齐鲁晚报》)

在公交地铁上吃零食,似是小节,许多人不在意,倘若无异味,旁人也任其随意,但像榴莲这样好者嗜之若命,恶者却避之不及的东西,则另当别论了。将榴莲味误认为天然气泄漏,固是虚惊,但司机的严谨负责仍应称赞,只是,因一人享口福,却累及众多无辜乘客担惊受怕,就不应该啦。

更可怕的是,倘若人们皆不注重此类小节,车厢里常常异味扑鼻,不但乘客受扰空气污染,而且,一旦真发生天然气泄漏,却不能及时察觉,那就危险了。公众场所,一己之好一人之福不应成他人之祸之害,应是公德。

公交地铁十大烦

香港日前一个女人贴着面膜端坐在地铁座位上的照片在网上热传,其惊悚的造型引起了颇多反感,一场有关公共交通工具上什么行为最扰人最烦人的讨论在网上展开,得出"十大烦"项目:①旁若无人剪指甲;②开大音量听音乐;③身贴扶手杆秀钢管舞;④车厢内大声打电话;⑤大庭广众之下化妆;⑥挤在港铁车厢门口;⑦让小孩用塑料袋小便;⑧一人占用多个座位；⑨在车厢里吃东西；⑩坐巴士用膝盖顶前座。

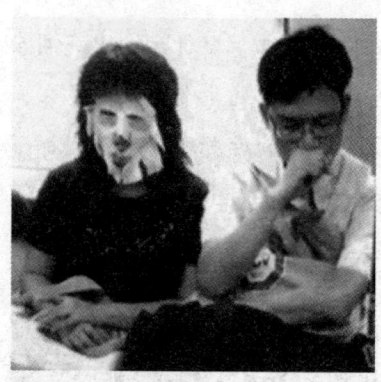

国内网友亦列举上海公共交通十大烦：①针对乘客挨个乞讨；②车内随意散发小广告卡片；③夏季闻到臭味；④穿着暴露；⑤行为艺术玩过火；⑥兴致盎然地大声讲电话聊家常；⑦一群认识的人在那里呼朋唤友大聊特聊；⑧地铁上用整个身体挨着钢管；⑨地铁车厢里吃东西；⑩空调太冷。

民工乘公交怕弄脏座椅主动坐台阶，网友感叹这才是中华脊梁！

海南网友一条民工坐公交车的微博日前被疯狂转发。这位民工满身大汗，后背衣服全湿了，鞋也带着很多泥。上车后犹豫了一下就坐在台阶上。不少网友表示这一幕让人心酸，称农民工兄弟才是中华脊梁。

老外自发在长城捡垃圾十一年

"除了照片什么都不要带走;除了脚印什么都不要留下……"。在抚宁县驻操营镇的板厂峪、董家口、城子峪等地的长城边上,游客常能看到写有这样话语的宣传牌,这宣传牌的创意和设置者竟然是一位外国朋友。多年来,英国人威廉·林赛和他的"国际长城之友"协会志愿者经常活跃在长城沿线,他们的目的不是旅游,而是捡拾垃圾,保护长城的环境。威廉告诉记者,长城是全世界人民的财富,他对长城的爱终其一生也不会停止。他希望能有更多的人加入到保护长城的事业中来。

在感叹老外执着的同时,我们须扪心自问:老外捡垃圾,国人该捡什么?最该捡起来的应是最基本的环保意识!

模块二　校园公德

校园是学校师生学习、工作和生活的公共场所。我们每一个人在学校里学习和生活，校园公德与我们息息相关，是我们每一个人公共意识、个人修养的真实体现，这其中的重要意义自然不言而喻。所以，为了进一步美化、绿化、净化校园，保持校园的良好秩序，全校师生必须讲究公德，拥有一颗公德心。

活动一：情景模拟

根据校园里存在的不好以及良好的现象，分组进行情景演练。（例如：抽烟、乱扔垃圾、环保、损坏公物等）。

活动二："我为轻工发展献一计"

1. 讨论范围：围绕"食德"、"衣德"、"寝德"、"行德"、"口德"、"仪德"、"课德"、"会德"、"网德"、"危德"等话题展开思考和讨论。

2. 活动过程：以小组为单位，在讨论范围内，每人提出一道有利于学校及城市发展的计策，并进行集体讨论，选取可行、新颖、有益的项目制作校园倡议书，并签订履行承诺。

3. 活动要求：①计策需具备可行性，至少保证自己能做到；②倡议书策划需具备说服力和影响力；③需考虑如何让身边的人亦能接受并自觉执行倡议书中的条款。

活动三："我的经验"分享点评

请在纸上写下困扰自己的事情，然后将纸揉成一团，扔到老师的收集篓里。问题将得贵人相助，迎刃而解！

"我的经验"活动相关话题：

1. 别人的方法对你有效果吗？

2. 你从别人解决问题的思路中学到了什么？

注意事项

1. 活动过程中，每个同学都要真正地、积极地参与进来。

2. 请同学们认真投入，关注内心的真实感受。

3. 在做完这些活动之后，请反问一下自己，这节课我感悟到了什么？

学习导航

一、相关概念

1. 文明的概念

文明是指人类创造的财富的总和，特指精神财富，如文学、艺术、教育、科学等，也指社会发展到较高阶段表现出来的状态。文明涵盖了人与人、人与社会、人与自然之间的关系。它的主要作用，一是追求个人道德完善；二是维护公众利益、公共秩序。

2. 礼仪的原则

礼仪、礼节、礼貌内容丰富多样，但它有自身的规律性，其基本的礼仪原则：一是敬人的原则；二是自律的原则，就是在交往过程中要克己、慎重、积极主动、自觉自愿、礼貌待人、表里如一、自我对照、自我反省、自我要求、自我检点、自我约束，不能妄自尊大，口是心非；三是适度的原则，适度得体，掌握分寸；四是真诚的原则，诚心诚意，以诚待人,不逢场作戏,言行不一。

二、相关资料

1. 校园公德与个人行为

社会公德就在我们每个人的身边,我们的一举一动都与之相关。除了公共秩序、公共卫生涉及社会公德外,个人卫生习惯,仪容仪表和言谈举止也与社会公德密切相关。我们每个人都要从小事做起,从我做起,养成良好高尚的道德品质,为创造文明健康校园和安定和谐的社会环境尽自己的责任。

学生要注意的个人行为:

(1) 言语表达的要诀

- 多激励,少嘲讽
- 多赞美,少责怪
- 批评要具建设性,避免无的放矢
- 用字遣词要高雅
- 说话时不要带着过多的口头禅
- 态度要诚实
- 多用礼貌用语
- 评价要对事不对人

(2) 头发

- 头发是每个人的制高点,比较容易引起别人注意
- 头发会使人产生不同的印象
- 对头发的基本要求是干净整洁
- 不染浅色、多色、条纹等怪异头发
- 头发的长短要适当

(3) 面部

- 面部是最易被人注意的部位

- 对面部的最基本要求是清洁
- 男士们不应让自己胡子拉碴
- 女士面部化妆不宜过分浓艳

（4）服饰
- 服饰是社会生活中自我定位的手段
- 服饰反映出一个人的职业、年龄、地位
- 服饰反映着一个人的修养、性格、情绪

2. 当代学生公德素质的现状分析

（1）"公德认知"与"公德行为"分裂　在学校"学生公德行为的自我评价"的调查结果中显示，学生在勤俭节约、爱护公物、诚实守信、团结友善、遵纪守法五方面的公德认知是好的，但表现在公德行为方面却不那么尽如人意。

（2）"公德小事论"使得社会公德倍受忽略　在调查中，许多同学认为体现在举手投足之间的公德是小事，不足以长篇大论，更不用造大声势。的确，"公德"是"小事"，然而公德是"小处见大"的小事，是"一屋不扫，何以扫天下"的小事。量变和质变的原理告诉我们，"千里之堤，溃于蚁穴"，所以"勿以恶小而为之，勿以善小而不为"，因为善与恶的区分不是以其大小，而是以其性质，善不会因其小而成为恶，恶也不因其小而成为善。如今学生犯罪率的不断攀升与大学生公德意识的弱化不无关系。所以，公德不是小事，如果每个学生都不把社会公德看作小事，都把"不偷盗、不贪图、不攀比、不撒谎"、"诚实守信、勤俭节约、爱护公物、团结友善、遵纪守法"作为自己最高的行为准则，我想大学生就不会如此频繁的触犯法律了。

（3）当代学生公德行为失范的原因分析　学生公德行为失范产生的原因较为复杂，有社会的、时代的，还有教育本身等诸多因素的影响。

①社会的影响

社会公德是社会公共生活中最基本的道德要求，但是在社会公德方面的管理制度不完善或规则不合理、公共生活设施不完备等都会造成公德行为的行为不利或不行为。再加上社会竞争压力的增大,容易造成大家比较自我的个性,常常是"各人自扫门前雪,休管他人瓦上霜"。

②网络的影响

如今的学生一出生就面临着一个改革开放的时代,物质生活条件富足。"90后"学生又生逢IT技术迅猛发展时期,一出生便有电视、手机、互联网,他们接触的信息应有尽有,无所不包,其中更多地受到多媒体技术和互联网文化的影响。他们对于网络的需要和迷恋也达到了几乎"无人不网"的程度。但网络是一把双刃剑,网络的虚拟性和匿名性使得学生淡化了公德意识。对网络的迷恋使得某些大学生践踏社会公德,据一些校图书馆、资料室的管理员反映,学校图书馆的各类被偷撕的图书和杂志中,涉及网络游戏内容的量最多。这一方面说明了学生公德自律素质的低下,另一方面也说明网络对当代学生公德行为的强大影响。

三、案例阅读

案例公德调查

1. 调查一:公德就是食堂打饭不加塞儿

表达:大学校园是一个小社会,同样有很多公德要我们遵守。我最讨厌的不讲公德的现象是在食堂打饭时不排队,尤其以男生更为"猖獗"。还有的同学来晚了,就让排在前面的同班同学给带一份儿,实际上这也是一种加塞儿的行为。更有甚者有时候一个人排队要带买10多个人的饭,等得人心里实在起急。同时她还表示,几乎每个人都干过不排队找人买饭的事情,要想扭转这个现象,每个学生应该从自我做起。

2. 调查二:公德就是骑自行车也得注意速度

表达:无论在校园还是在马路上,她骑车时都非常小心,尽量不快骑。因为她曾经就被一个骑车莽撞的男同学撞倒了,现在她看到骑车很快的人都会早早离开他们的视线。校园的主要代步工具就是自行车,限于校

园的道路条件,即使是非机动车,疯狂飙车的行为也存在极大的安全隐患。

3. 调查三:公德就是读书也得分场合

表达:校园里的路灯下、大树旁经常能碰到大声朗读的同学。但是这种学习方式也得注意环境和场合。许多同学习惯于大声朗读来加深自己的记忆,但如果是在自习室、图书馆或宿舍这样"刻苦"显然就不合适了。某同学说,在该安静的场合,能默念就默念,实在不行一定要小声再小声,不妨碍别人才是一种社会公德。

4. 调查四:公德就是多关心身边的弱者

表达:在一所医院里,记者看到一个学生模样的女孩儿在看到一位行动缓慢的大妈准备乘电梯时,就上前搀扶这位大妈上了电梯,并送她到了要去的科室楼层。记者追问时,她不好意思地说:"看到那些老年人,我总会想起自己的家人,他们更需要关心和照顾。"作为学生,应该尽量多帮助别人,像这样帮助生病的老人是年轻人最应该有的社会公德。

5. 调查五:公德就是在校园谈恋爱注意点影响

表达:张丰同学是大一的新生,谈起校园公德,他对那些谈恋爱的同学们一点都不避讳的态度是感觉有点"刺眼"。"我以前就听说过在大学食堂里男女相互喂饭的事,上了大学我是亲眼看到了这种事。而且每天晚上,宿舍前面的地方简直让人无法通过,到处是拥抱接吻的情侣。现在国家法律都允许大学生结婚了，恋人之间亲密一点也算不了什么，但公共场合这样子就有点不太好了。毕竟我们中国的文化是以含蓄著称的，太过火的行为的确让周围的人感觉不大舒服。"

6. 调查六：公德就是上课别开手机

表达：现在的大学生，没手机的越来越少。"上课不关手机的现象也越来越普遍，有的同学低头藏在桌子底下接手机，上课发短信的就更多了。"他说，其实这特别影响其他同学听课，虽然老师也一再强调上课关掉手机，但总有些人的记性不大好，或者明知故犯短信不断。"我遇到好几次了，大家正安静地听着老师讲课，突然一个新奇搞笑的手机铃声响起，惹得大家哄堂大笑。老师、同学的思路都被打断了，往往也找不出是谁的手机响，真是没办法。"

7. 调查七：公德就是别往课桌抽斗里扔垃圾

表达：说起大学里的公德问题，上大三的刘同学说了很多，但最让她感到忍受不了的就是课桌里的卫生问题。"有的同学吃了早点也不收，鸡蛋皮什么的乱扔。而且有人总是喜欢把零食包装之类的垃圾塞在抽斗里，还有些吃剩的面包什么的，放到抽斗里有时候保洁人员看不见，那些东西都发霉发臭了，实在让人恶心。"除此之外，不爱护课桌的现象还有很多，几乎每个桌子上都有同学在上面乱写乱画，尤其是一些污言秽语让人看了很不舒服。

8. 调查八：公德就是别在宿舍楼道里大声喧哗

表达："女生宿舍我不知道，男生宿舍晚上大声喧哗的现象太普遍了。"齐辉同学说，"我们宿舍里就有两个'楼道歌星'，赶上我们楼道里回声好，这两位老兄一进楼道就开始引吭高歌，直到进了宿舍歌声也就听不到了。有时候你正睡觉，他狼嚎鬼叫地过去，真恨不能出去让他闭嘴。不过这两位'歌星'今年就要毕业了，我们再忍上半年就可以清净些了，我们宿舍的同学开玩笑，如果还敢有接班的……嘿嘿。"

请写出你对公德理解和认识：

主题五 公民素养

模块三 公民意识

社会公德是指在人类长期社会实践中逐渐形成的、要求每个社会公民在履行社会义务或涉及社会公众利益的活动中应当遵循的道德准则。在本质上是一个国家，一个民族或者一个群体，在历史长河中、在社会实践活动中积淀下来的道德准则，文化观念和思想传统。它对维系社会公共生活和调整人与人之间的关系具有重要作用。与"私德"相对，这里的"公德"是指与国家、组织、集体、民族、社会等有关的道德；而"私德"则指个人品德、作风、习惯以及个人私生活中的道德。

活动简介

活动一：收集公民意识的资料

以小组为单位，通过团队合作及组内分工，收集公民意识的相关资料，并做好课堂展示的准备。

活动二：完成公民意识的课堂调查

以小组为单位，根据老师的课堂任务布置，完成公民意识的课堂调查。

注意事项

1. 活动过程中，每个同学都要真正地、积极地参与进来。
2. 以小组为单位积极参与课堂教学，完成老师布置的课堂任务。
3. 活动过程中，要注意团队协作。

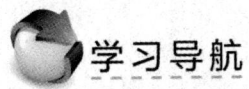 学习导航

一、相关概念

1. 公民

公民指具有一国国籍,并根据该国法律规定享有权利和承担义务的人。

2. 公民意识

公民意识是指公民个人对自己在国家中地位的自我认识,也就是公民自觉地以宪法和法律规定的基本权利和义务为核心内容,以自己在国家政治生活和社会生活中的主体地位为思想来源,把国家主人的责任感、使命感和权利义务观融为一体的自我认识。它围绕公民的权利与义务关系反映公民对待个人与国家、个人与社会、个人与他人之间的道德观念、价值取向、行为规范等。

二、相关资料

公民意识的体现

公民意识主要体现在:公民意识体现了社会成员对自己基本社会身份的认同,也是公民支配自己社会行为的基本价值观念,广泛表现在社会成员参与政治、经济、法律、道义等社会生活的各个方面公民意识的内容是基于公民的身份意识而构建的,它也可以基于核心意识。

1. 参与意识

公民的参与意识,主要是指公民作为政治共同体的成员,具有积极参与(包括直接参与和间接参与)公权力运行的主人意识,实质上也是一种

践行权利的意识在参与中，公民才能切身体会自己的权利和义务，并逐渐形成理性的参与意识。

2. 监督意识

公民的监督意识正是权利制约权力机制的思想保障，国家权力受到人民的监督是人民主权原则的核心所在。

3. 责任意识

公民责任是指公民履行与自己的公民身份相适应的，公民在遇到有关国家政治和社会利益的问题时，必须自觉维护公共利益，从而克服个别自我或本集团的利益与人际关系。

4. 法律意识——规则意识

由于每个人都拥有独立的意志，所以在民主管理的过程中，公民还必须有规则意识，即依据明确的规则来协调各种相冲突的意志和行为，而不是由某个人或某个利益集团决定。这些规则都是公民共同合意的结果，或是通过国家予以确认，或者是通过习俗加以强化。

课堂调研与讨论

1. 您认为公民意识主要体现在以下哪些方面？

A. 参与意识　　　　　　　B. 监督意识

C. 责任意识　　　　　　　D. 法律意识、规则意识、法治意识

E. 纳税人意识　　　　　　F. 生态意识

G. 公德、道德意识　　　　H. 民主意识

我的选择：

2. 您认为具备怎样的特质才能算得上是"公民"呢？

A. 知法、懂法、会用法　　B. 有独立思考能力

C. 清楚公德与私德的界限　D. 主动保护自己和他人的正当权益

E. 不畏强权，不盲从主流

F. 能参与国家的政策制定，对执政者进行监督

我的选择：

3. 您认为哪些是大学生缺乏道德信仰的原因？

A. 沉迷于网络生活　　　　B. 社会风气的影响

C. 社会政治的冷漠与投机　D. 过分早熟，自以为看透红尘

我的选择：

4. 技校期间，对于班级选举等民主选举，您的态度是？

   A. 积极参与，认真投票　　B. 正常参与，投票还算认真

   C. 不太关心，随便填写选票　D. 毫不关心，一张选票起不了多大作用

   我的选择：

5. 您怎么看待人与自然的关系？

   A. 最大限度的利用自然，使自然完全为人类服务

   B. 人类在保护自然的情况下，有制度，有规划的利用自然

   C. 人类与自然互不相干，我们人类不去利用它也不要去伤害它

   D. 没有什么看法，与我无关

   我的选择：

6. 您觉得现在影响技校生公民意识形成和发展的因素有哪些？

   A. 大学生自身因素　　　　B. 国家层面因素

   C. 社会环境因素　　　　　D. 教育和文化传统因素

   E. 其他

   我的选择：

7. 您认为技校生培养"公民意识"的重要性在于_____

   A. 维护自身利益，提高自身修养　B. 维持社会稳定，促进社会发展

   C. 完善民主法制建设　　　　　　D. 没什么特别重要的

   我的选择：

8. 针对现状，您认为该如何培养大学生公民意识？

   A. 通过老师和父母等帮助，让大学生能够认清自己在网络社会的定位，了解自己应该做什么和能做什么

   B. 学校对于网络文化方向正确的教育引导

   C. 国家应逐步构建规范的网络体系和及时整顿网络环境

   我的选择：

■ 融入组织

三、典型案例阅读

新加坡的国民教育

1. 新加坡实施国民教育的背景

新加坡是一个城市国家，人口 400 万。位于马来半岛南段，是太平洋和印度洋之间的航运要道、马六甲海峡的出入口。1842 年沦为英国殖民地；1942 年被日军占领；1945 年日军投降，英国恢复殖民地；1963 年并入马来西亚；1965 年，新加坡从马来西亚分离出来，成为一个独立的主权国家。独立之初，各族群的比例如下：华族占 76.8%，马来族占 13.9%，印度族占 7.9%，其他族群占 1.4%，每一个种族都要保持他们各自的文化、宗教和语言，种族的差异成为国家身份和民族团结的障碍，如何让这些不同种族的国民在一个社会中树立国家意识，寻找到归属感，对国家充满感情从而促进国家和民族的团结，是放在新加坡政府面前的一大挑战。

2. 国民教育的历史渊源

为了国家发展的需要，通过学校教育体系，来加强国家意识的树立和国家认同感的形成，培养具有国民意识的人，在建国后的 40 多年里一直作为新加坡基础教育的重中之重来贯彻和实施，并且随着历史的发展而不断发展。

(1) 以公民教育为重点阶段（1965~1979年）

20世纪60年代，新加坡教育部制定了学校道德教育和公民综合训练大纲，编写了公民课教学大纲，对全国中小学生实施统一要求的道德教育和公民训练；进入20世纪70年代，教育部对公民课教育大纲和教科书进行了重新审查，并在1974年，由教育部设计了"生活教育"课程，将公民课、历史课、地理课的知识融为一体，对学生进行道德教育和社会教育，主要在小学课程中进行，并力图通过这样的课程将不同文化之间的差异和冲突统一到对国家意识和公民责任的认同中来。

(2) 开展全面的道德教育阶段（1979~1991年）

1979年，新加坡发布了著名的《道德教育报告书》，并指出："过去20年来，新加坡在物质和社会方面有很大的变动，工业化的计划不但给我们带来繁荣，也带来了新的生活方式和道德标准，从而影响到我国人民道德水准低落，并造成社会问题。"在报告书中，新加坡政府全面反思了六七十年代德育教育中的失误和问题，并提出了新的全面的道德教育的计划框架，主要包括：道德教育科目是所有学校所有班级必须学习的科目，也是教师培训的必要科目；道德教育要综合个性和共性教育；道德教育不只是在学校进行，还要在家庭和社会中进行；课堂教学方法除了讲授外，还应当运用讨论、讲故事、参观和实践活动的方式来进行；道德教育作为主课，其地位为德智体美群之首；各种宗教教育和道德教育共存。根据报告书的要求，教育部编写了新的公民教育教材，1988年，在修订公民教育教材的过程中，为了强调东方价值观培养，新加坡开设了《儒家伦理》课程和六种宗教课。坚持倡导以儒家思想为基础的东方价值观，以传统价值观的弘扬来消除和抵御西方文化的不良影响。

(3) "共同价值观"的教育阶段（1991~1997年）

新加坡国会在1991年1月正式通过了政府提出的"共同价值观"，其核心内容为："国家至上，社会为先；家庭为根，社会为本；关怀扶持，尊重个人；求同存异，协商共识；种族和谐，宗教宽容。"这种"共同价值观"的内容和精神核心既包括了儒家国家利益为重的价值取舍，也包括了修身、齐家、治国的个人修养模式；既尊重西方文化中的个人价值，也强调了协作和谐的团体价值，是一套富有新加坡特色的价值体系。这一价值体系作为新加坡各种族人民必须共同遵守的道德准则在全社会得到广泛提倡，新加坡中小学的道德教育也以此共同价值观为基本原则展开推进。

（4）开展系统的国民教育阶段（1997～今）

1998年，新加坡总理吴作栋宣布21世纪新加坡教育政策的新三大措施：创意思维教育、信息科技教育和国民教育。吴作栋在强调推行国民教育的重要性时指出："我国必须投资在我们的下一代。他们是我们的将来，我们要准备让他们去应付未来，充分发挥他们的潜能，培养他们的态度，使他们长大后能够照顾新加坡。"他又说："国民教育，应该是培养出共同的国家意识，使学生了解我们的过去对今日和将来的影响。国民教育必须双管齐下，兼顾到认知和情感。"据此，新加坡教育部向360多所学校扩展了国民教育计划。这是在"共同价值观"教育基础上对国家意识教育的深化和扩展，国民教育计划的实施，也使国民教育从简单地促进种族和谐，进行国家认同、归属感的培养进入了一个更高的、更为系统的国民教育的阶段。这个计划包括：加强学生的国家意识感，让每名国人在求学的10～12年内，能全面和彻底了解身为新加坡人的意义，加深学生对祖国的认识，进而培养更强的献身精神。通过20集电视教育节目、寻访国家古迹、区域游学计划、国家意识资料，增强小学至高中生的国家意识。

3. 新加坡中小学国民教育的实施

新加坡全面的国民教育的实施，是在其长期致力于国民国家意识培养的基础上进行的，并且随着国民教育计划等一系列纲领性文件的出台，形成了一个比较完备的实施体系。

（1）国民教育的目标体系

在新加坡政府看来，国民教育是一个德与智并重的教育项目，要通过国民教育形成对国家的认知和情感。它的目的是：让学生在从小学到大学各阶段的求学期间受到潜移默化的教育和影响，在10～15年的时间内实现所有学生都能够正确认识新加坡、认同新加坡的发展目标。国民教育实施的主要目标是：

①灌输核心价值观　通过学校教育体系实施的国民教育，立足于向学生灌输核心价值观。这种核心价值观主要强调新加坡建国和发展所依赖的根本条件：吃苦耐劳，爱国爱民，勤于学习，善于思考，不断开拓心胸和视野，具有崇高的品格，力求上进的精神。这些是促进新加坡实现发展的核心价值，也是确保新加坡不断繁荣进步的基础。通过国民教育的实施，全面培养各种族都能具有上述的核心价值观。

②培养国家认同　在新加坡多元种族、多元宗教、多元文化的前提下，国民教育的实施是要通过多种途径的教育活动，使种族之间能够互相亲近、了解，对不同的宗教、文化等都能加以尊重和容忍，从而促进社会和谐，种族团结，共同建设新加坡；使每一个新加坡人，每一个种族都把新加坡当成自己的国家。并最终使得每个新加坡人都以新加坡在发展中索取得的成就而感到自豪。

③加强历史认识　新加坡从早期的一个渔村，经历英国殖民统治到自治合并（与马来西亚），然后到独立建国，这二百多年的历史是曲折复杂的。侵略战争、种族骚乱、政治纷争、经济危机等，都是每个新加坡人所必须知道的，对于新加坡的下一代，充分了解建国的过程，能够产生一种激励作用，激励年轻一代在新加坡的发展建设中为国家的富强做出更大贡献。

④正视未来挑战　对于新加坡来说，国土和资源的限制使国家在新世纪中面对许多的挑战，新加坡是个很小的岛国，面积只有不到700平方公里，周围都是海水和邻国，缺乏土地从事农业生产，全国人口不过四百万。通过国民教育的实施，让学生对于国家的种种局限有正确的认识，也为今后参与国家的建设打下基础；使学生懂得和了解新加坡的国情、优势和劣势，了解新加坡未来面临的挑战；同时也使学生产生忧患意识，为了应对挑战，在学习生活中做好准备建立信心。

(2) 国民教育的主要内容

①国家意识教育　新加坡从1997年开始,在中小学进行国家意识教育,为了让每名新加坡人在求学的10～12年内,能够全面地了解国土狭小、自然资源奇缺和多元文化的国情,进而培养为国献身精神。新加坡教育部费时半年、耗资40万新元拟定了国家意识教育计划,分成三个主要部分:一是20集《我们是新加坡公民》教育电视节目。目的是灌输学生信念中的六大核心观念:社区精神、效忠与归属感、在国际社会中的生存能力、法律与秩序、实际的期望、权力与责任。小一到中四的学生都需要观看这套电视节目。二是学校带中小学生去寻访国家古迹和区域游学计划。了解不同民族的由来和习俗、新加坡的局限,从而使学生能珍惜取得的成就。三是"我们的祖国,我们的人民"国家意识资料配套,使中小学生进一步了解新加坡所面对的局限及所需的求存能力。

②公民与道德教育　公民与道德教育课程是新加坡学校道德教育的重要内容。通过这门课程,对学生进行公民与道德价值基本知识的讲授,使学生初步明确作为新加坡国民应享有的权利有哪些,又必须为国家尽什么义务。从而把国家提倡的为国尽忠的价值观念传递给学生,为了配合国民教育的实施,新加坡教育部课程发展署于1999年4月,把《好公民》课程改为《公民与道德教育》课程,对课程内容进行了重要改革,课程包含了5大主题,分别是:个性塑造、与家庭的联系、对学校的归属感、作为社会的一分子、以国家为荣并忠于国家。《公民与道德教育》课旨在引导学生从认识个人开始,然后扩展到家庭和学校,最后延伸到社会和国家。这5个主题构成了一个"同心圆"式的德育模式和内容体系。在具体的内容题材上将抽象的伦理思想与形象的生活事例相结合,将严肃的道德哲学与生动活泼的语言表述相结合。使其通俗化、具体化、现代化。

③儒家伦理教育　新加坡大部分中学都将儒家伦理教育课程作为必修课或选修课,其目的是培养具有崇高品格的新加坡公民。它的主要功能是:培养学生儒家的伦理价值观念;使学生认识华族在悠久历史中形成的固有道德观念和文化;培养学生积极的人生观,能够使学生将来过有意义的生活;帮助学生建立良好的人际关系。同时,为适应新加坡社会的现实

需要，对儒家思想中"过时的"观念或内容进行了现代转化与创造。把"修身、齐家、治国、平天下"这一儒家伦理精髓通俗化、具体化、现代化了。在课程设计上，兼顾课程内容和教学形式，整个教学结构以东方价值观念为内容，而具体教学方法采用西方教育原理和方法为形式，显示出新加坡建设自身文化的特点。

4. 新加坡国民教育的"四大目标"和"指导方针"

（1）四大目标

①培养国家认同，以新加坡为自豪；

②加强历史知识，了解建国过程；

③强调国家局限，了解未来挑战；

④灌输核心价值，保持繁荣进步。

（2）指导方针

①小学：爱护新加坡。侧重感性教育，培养正确的价值观和人生态度，以新加坡为豪；

②中学：认识新加坡。从多方面掌握有关新加坡的知识，了解建国过程，面对的局限和挑战；

③工艺教育学院：认识新加坡。让学生认识到每个公民都是新加坡的一分子，无论为自己、为国、为家庭，都必须努力工作求进步，负起保家卫国的责任；

④理工学院：领导新加坡。国家的继续生存和繁荣取决于他们的工作素质。

⑤初院：领导新加坡。扮演塑造国家未来前途的重要角色，为国家提出启发性的意见和建议；

⑥大学：领导新加坡。大学生必须认清，无论国家或社区层次，社会各领域都有赖于他们挺身而出，领导群众。作为制度的主要受惠人，大学生也要学习回馈社会，扶持较不幸的一群。

资料来源：上海天山中学（有修改）。

■ 融入组织

图片荟萃

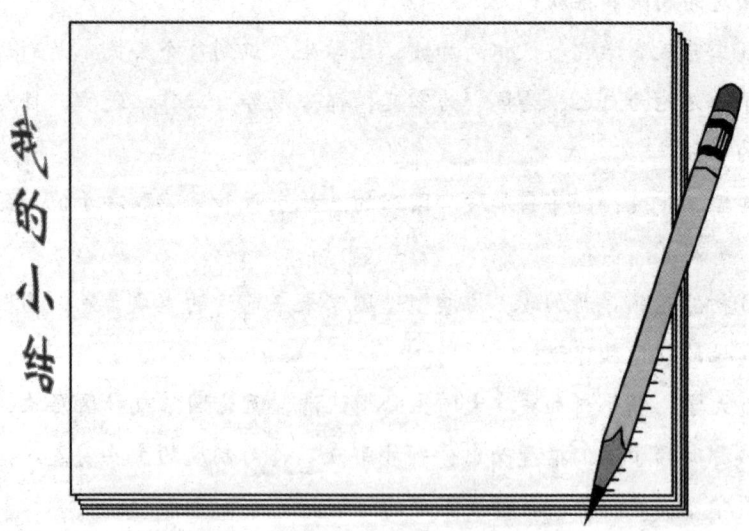

我的小结

附录　心理健康

附录一　心理学小知识

一、浅谈健康心理

随着社会文明的不断进步，人们对幸福和健康有了更高的追求。心理健康，这项在早前容易被忽略的人类健康的重要指标，如今正受到越来越多的人的关注。那么究竟什么是心理健康？它的衡量标准又有哪些呢？

1. 什么是心理健康

关于什么是心理健康，国外学者多有一些表述。英格里士认为："心理健康是指一种持续的心理情况，当事者在那种情况下能作良好适应，具有生命的活力，而能充分发展其身心的潜能；这乃是一种积极的丰富情况。不仅是免于心理疾病而已"。麦灵格尔认为："心理健康是指人们对于环境及相互间具有最高效率及快乐的适应情况。不仅是要有效率，也不仅是要能有满足之感，或是能愉快地接受生活的规范，而是需要三者具备。心理健康的人应能保持平静的情绪，敏锐的智能，适于社会环境的行为和愉快的气质"。

2. 青少年心理健康标准

①智力正常。
②有情绪的稳定性与协调性。
③有较好的社会适应性。
④有和谐的人际关系。
⑤反应能力适度与行为协调。
⑥心理年龄符合实际年龄。
⑦有心理自控能力。
⑧有健全的个性特征。
⑨有自信心。
⑩有心理耐受力。

二、正确认识心理咨询

什么是心理咨询呢？心理咨询就是指心理咨询师就来访者发展方面的问题或适应方面的困难，在为其提供能够自如进行心理交流的气氛中，运用专门的心理学方法，通过疑义解惑、忠告建议等以帮助、指导、启发来访者，发现并利用其潜在的积极因素，处理和解决来访者自己的问题或困难，使心理机能得以调整和提高的活动过程。

心理咨询的主要作用是：

（1）舒缓人的心理压力，调适人的适应能力，提高人的心理素质。

（2）促进成长的功能。人是终生发展的，每一个阶段的人都有其人生发展的任务，心理咨询可以帮助人更好的适应新的角色，更好地完成人生各阶段的主要发展任务。

有病看医生，花钱吃药打针。多年来人们心中的"求医问药"模式可谓根深蒂固。几经周折后的心理咨询业虽说正在被人们接受，但受传统的影响，其中不乏误区的存在。

1. 心理问题不是精神病

心理状态可以分为常态和病态，而常态中又分为健康状态和不健康状态，而心理咨询主要是为心理状态不健康的常态人群进行心理调适。

2. 心理学不会窥见内心

我们最常听见别人问"你知道我在想什么吗"，这也是一种误区，心理学不是神学也不是巫术，只是通过科学的方法来解释问题。

3. 心理咨询不是无所不能

考试考不好，工作找不到，社会不公平，诸如此类的问题，心理咨询是无能为力的，我们不能帮你解决个人生存问题，也不能解决社会问题，我们只能在你承认现实的基础上舒缓你的情绪。

如果你觉得需要进行心理咨询，请致电我校心理咨询室预约，电话：84223873，来和我们的心理咨询师谈一谈吧！

附录二 心理测试

一、气质类型自测量表

指导语：下面这些问题都和你在学校、在家里的行为有关，请你回忆自己过去半年以来的表现，和下面的情形比较一下，每题后面有5个数字，它们的意思是："-2"表示该题所说情况与你自己完全不符合；"-1"表示该题所说情况与你自己有些不符；"0"表示该题所说情况与你自己介于符合与不符之间；"1"表示该题所说情况与你自己基本符合；"2"表示该题所说情况与你自己完全符合。请你根据这个标准，把每题的分数写在后面的表格中。

1. 遇到可气的事就怒气冲天，想把心里话全说出来。
2. 到一个新环境很快能适应。
3. 做事力求稳妥，不做无把握的事。
4. 讨厌那些强烈的刺激，如尖叫、噪音和危险镜头等。
5. 和别人争吵时爱先发制人，喜欢挑衅。
6. 善于和人们交往。
7. 喜欢安宁的环境。
8. 遇到陌生人感到拘谨。
9. 羡慕那些善于克制自己感情的人。
10. 感兴趣的事情干起来劲头十足，否则就不想干。
11. 生活有规律，很少违反作息制度。
12. 遇到问题优柔寡断，举棋不定。
13. 做事有旺盛的精力。
14. 在人群中不觉得拘谨。
15. 遇到生气的事能很好地克制自己。

16. 遇到危险情况感到非常恐惧。

17. 情绪高干什么都有趣，情绪低对什么都没劲。

18. 理解问题比别人快。

19. 能控制自己的感情，不发脾气。

20. 一点小事就引起情绪波动。

21. 对学习、工作有热情。

22. 讨厌那些需要耐心、细致的工作。

23. 能长时间做枯燥、单调的工作。

24. 爱看感情细腻、描写人物内心活动的文学作品。

25. 喜欢参加气氛热烈的活动。

26. 做事不沉着，缺乏耐性。

27. 走到哪里都能遵守纪律。

28. 经常感到闷闷不乐。

29. 喜欢坦率、大声地和别人谈话，不喜欢窃窃私语。

30. 疲倦时只要短时间休息就能恢复过来。做事力求稳妥，不做无把握的事。

31. 不喜欢长时间谈论一个问题，喜欢动手干。

32. 心里有事宁愿自己想，不愿说出来。

33. 认准一个目标就希望尽快实现，不达目的不罢休。

34. 能很快地忘掉那些不愉快的事情。

35. 理解问题比别人慢。

36. 学习、工作一段时间后比别人更疲倦。

37. 做事有些莽撞，不考虑后果。

38. 喜欢讲笑话和滑稽有趣的事。

39. 老师讲新课时，希望讲慢些，多重复几遍。

40. 做事情比别人花的时间多。

41. 喜欢运动量大的剧烈体育文娱活动。

42. 能同时注意几个事物。

43. 能很快地把注意力从一件事转移到另一件事。

44. 对不愉快的事情总是忘不掉。

45. 是个勇敢而精力充沛的人。

46. 愿做变化大、花样多的数学习题。

47. 认为墨守成规比冒风险强。

48. 喜欢复习学过的知识,重复做已经掌握的工作。

49. 喜欢参加各种活动并在活动中当"头儿"。

50. 情绪经常是乐观、开朗的。

51. 对学习一向持认真严谨、始终一贯的态度。

52. 是个腼腆、害羞、爱脸红的人。

53. 无意中常常出语伤人。

54. 假如学习枯燥无味,马上就情绪低落。

55. 做事善始善终。

56. 遇事常常感到惊惶失措。

57. 遇到兴奋的事,比别人更容易失眠。

58. 反应敏捷,头脑机智。

59. 喜欢不太复杂但推理严密的数学题。

60. 老师讲新概念常听不懂,但懂了以后很难忘记。

气质类型					题号和得分									总分
胆汁质	1	5	9	13	17	21	25	29	33	37	41	45	49	53	57	
多血质	2	6	10	14	18	22	26	30	34	38	42	46	50	54	58	
黏液质	3	7	11	15	19	23	27	31	35	39	43	47	51	55	59	
抑郁质	4	8	12	16	20	24	28	32	36	40	44	48	52	56	60	

如果某一栏得分超过20分，而其他三栏得分较低，则为该栏的典型气质类型。如果某一栏得分在10~20之间，其他三栏得分较低，则一般认为属于该栏气质类型。如果有两栏得分明显超过另外两栏的得分，且二者分数较接近，则为两种气质混合型，如果一栏得分很低，其他三栏得分都不高，但很接近，则为三种气质的混合型。

【胆汁质】

强而不平衡。这样的人情感和情绪发生迅速，爆发力很好。同时，情感和情绪消失得也快，情绪趋于外向。智力活动灵敏有力，但理解问题容易粗枝大叶。意志力坚强，不怕挫折勇敢果断，但容易冲动，难以抑制。工作热情高，表现得雷厉风行，顽强有力。比较热情积极，行为坚韧不拔，智力活动极其灵活，精力旺盛，表里如一，坦率；缺点是攻击性强，有时感情用事，做事粗暴、冒失、粗心、随便。

【多血质】

强而平衡，灵活性高。这种人情感和情绪发生迅速，表露于外，极易变化，善于表达自己的情感，思维比较灵活，反应比较迅速，有很高的热情，喜欢与人交往，动作活泼好动，但往往不求甚解。工作适应力强，讨人喜欢，交际广泛。容易接受新事物，也容易见异思迁而显得轻浮。缺点是做事欠考虑，容易盲目出错，同时也缺乏耐力和毅力。

【黏液质】

强而平衡，灵活性低。这种人情绪比较稳定，兴奋性低，变化缓慢，内向、喜欢沉思。思维和言行稳定而迟缓，冷静而踏实。对工作考虑细致周到，不折不扣，坚定地执行自己已经做出的决定，往往对已经习惯了的工作表现出高度热情，而不容易适应新的工作和环境。黏液质的人具有"喜怒不行于色"的特点，做事有条理，深思熟虑，行动上沉着坚定，喜欢习惯了的环境，碰到纠纷时有较强的自制力；缺点是不能适应大的变化，做事缺乏灵活性，有时过于死板，缺乏生气。

【抑郁质】

弱性，易抑制。这种人情绪体验深刻，不易外露。多愁善感，对事物有较高的敏感性，能体察到一般人所觉察不到的东西，观察事物细致，情感体验深刻，思考问题时比较透彻，想象力丰富。行动缓慢、多愁善感，也易于消沉，干工作常常显得信心不足，缺乏果断性。交往面较窄，常常有孤独感。缺点是遇事优柔寡断，动作和行为缓慢，怯弱孤独，缺乏自信。

二、人际交往能力测验

请结合你自己的情况考虑下面的问题，回答"是"或"否"。回答"是"的请在题目前的方框里打"√"；回答"否"的则打"×"

1. 你喜欢参加社交活动吗？
2. 你喜欢结交各行各业的朋友吗？
3. 你常常主动向陌生人做自我介绍吗？
4. 你喜欢发现他们的兴趣吗？
5. 你在回答有关自己的背景与兴趣的问题时感到为难吗？
6. 你喜欢做大型公共活动的组织者吗？
7. 你愿意做会议主持人吗？
8. 你与有地方口音的人交流有困难吗？
9. 你喜欢在正式场合穿礼服吗？
10. 你喜欢在宴会上致祝酒辞吗？
11. 你喜欢与不相识的人聊天吗？
12. 你喜欢在孩子们的联欢会上扮演圣诞老人吗？
13. 你在公司组织的集体活动中介意扮演逗人笑的丑角吗？
14. 你喜欢成为公司联欢会上的核心人物吗？
15. 你曾否为自己的演讲水平不佳而苦恼吗？
16. 你与语言不通的外国人在一起时感到乏味吗？
17. 你与人谈话时喜欢掌握话题的主动权吗？
18. 你与地位低于自己的人谈话时是否轻松自然？

19. 你希望他们对你毕恭毕敬吗?

20. 你在酒水供应充足的宴会上是否借机开怀畅饮?

21. 你曾否因饮酒过度而失态?

22. 你喜欢倡议共同举杯吗?

本测验的答案并无正误之分。只是一般情况下,擅长于社交的人会倾向于以下答案。

1. 是;2. 是;3. 是;4. 是;5. 不;6. 是;7. 是;8. 不;9. 是;10. 是;11. 是;12. 是;13. 不;14. 是;15. 不;16. 不;17. 是;18. 是;19. 不;20. 不;21. 不;22. 是。

检查你在每一题上的答案,若与上述相应答案符合得 1 分,否则得 0 分。

17~22 分:你在各种各样的社交场合都表现得大方得体,从不拒绝广交朋友的机会。你待人真诚友善,不狂妄虚伪,是社交活动中备受欢迎的人物,也是公共事业的好使者。

11~16 分:你在大多数社交活动中表现出色,只是有时尚缺乏自信心,今后要特别注意主动结交朋友。

5~10 分:也许是由于羞怯或少言寡语的性格,你没有表现出足够的自信。当你应该以轻松、热情的面貌出现时,你却常常显得过于局促不安。

4 分或以下:你是一位孤独的人,不喜欢在任何形式的社交活动。你难免被视为古怪之人。

三、杀手游戏

这是一个非常有趣的心理游戏,里面蕴涵了很多饶有趣味的人生哲理,玩完后,会让你有所思考。如果不幸你成为"好人",那么整个游戏过程完全凭借你的智慧,你必须独立分析和判断,否则稍微犹豫和没有主见就会正中"杀手"下怀。

道具：和人数相等的扑克牌，或以名片代替。

人数：以 10～20 人范围较好，最佳人数 12～16 人，另设"法官"一名。

示例：参加游戏人数共 13 人，选其中 1 人做法官。由法官准备 12 张扑克牌。其中 3 张 A，6 张普通牌和 3 张 K。众人坐定后，法官将洗好的 12 张牌交由大家抽取。抽到普通牌的为良民，抽到 A 的为杀手，抽到 K 的为警察。

法官开始主持游戏，众人要听从法官的口令，不可作弊。

法官说："黑夜来临，请大家闭上眼睛睡觉。"只有法官一人能看到大家的情况。等大家都闭好眼睛后，法官又说："杀手睁开眼睛，可以出来杀人了。"听到此命令后，只有抽到 A 的 3 名杀手可以睁开眼睛，3 名杀手此时可以互相认识一下，成为本轮游戏中最先达成同盟的群体。并由任意一位杀手示意法官，杀掉所有在座闭眼中的任意一位。

法官看清楚后说："杀手闭眼。"稍后再说："警察睁开眼睛。"抽到 K 的警察可以睁开眼睛，相互认识，并可以怀疑闭眼的任意一位为杀手，同时看向法官，法官可给一次暗示。

完成后，法官说："所有人闭眼。"稍后说："天亮了，大家都可以睁开眼睛了。"

待大家都睁开眼睛后，法官宣布谁被杀了，此良民即为被杀之人，同时法官宣布让大家安静，聆听被杀者的遗言。被杀者可以指认杀手，并陈述理由。遗言说罢，被杀者在本轮游戏中将不能够再发言。法官主持由被杀者身边一位开始任意方向挨个陈述自己的意见。

意见陈述完毕，会有几人被怀疑为杀手。被怀疑者可以为自己辩解。由法官主持大家举手表决选出嫌疑最大的两人，并作最后的陈述和辩解，再次投票后，杀掉票数最多的那个人。被杀者如是真正的凶手，不可再讲话，退出本轮游戏。被杀者如不是杀手，可以发表遗言及指认新的怀疑对象。

在聆听了遗言后，新的夜晚来到了。又是凶手出来杀人，然后警察确认身份,然后又都在新一天醒来,又有一人被杀。继续讨论和杀掉新的被怀疑对象。如此往复,凶手杀掉全部的警察或良民即可获胜。

 游戏小贴士

1. 如果你是"杀手"

绝对镇定。真正的"冷面杀手"最好面无表情。该说就说、该乐就乐,不要让人家看出你与上局游戏中的差别。

先"杀"不太受人注意的人物,因为他们留下的线索最少。举手投票"杀人"时要坚定。"黑夜"里你可以肆无忌惮地"杀"人,在"白天"你是个"大好人",还要为你认为的好人辩护,这样可以隐蔽得更深。

当局势越来越清晰时,"杀手"要表现得思路清晰。每次发言都要澄清两个问题:你为什么不可能是"杀手";谁为什么一定是"杀手"。这时候,诚恳、简洁的解释更为有利。

2. 如果我是"好人"

做好充分心理准备。在第一夜,你可能被杀,但你要留下线索,这完全凭靠"直觉"。

完全凭借你的智慧,你必须独立分析和判断,否则稍微犹豫和没有主见就会正中"杀手"下怀。

要用自己的"风格"———沉默?微笑?辩解?澄清?让大家相信你真的是"好人"。

注意投票裁决"杀"人时的举手情况。"菜鸟杀手"容易跟风,他会在关键时候最后举手。

当游戏进行到最后,表现最成熟、理由最充分、看起来最无辜的家伙,必定是"杀手"。

附录三　实用网站

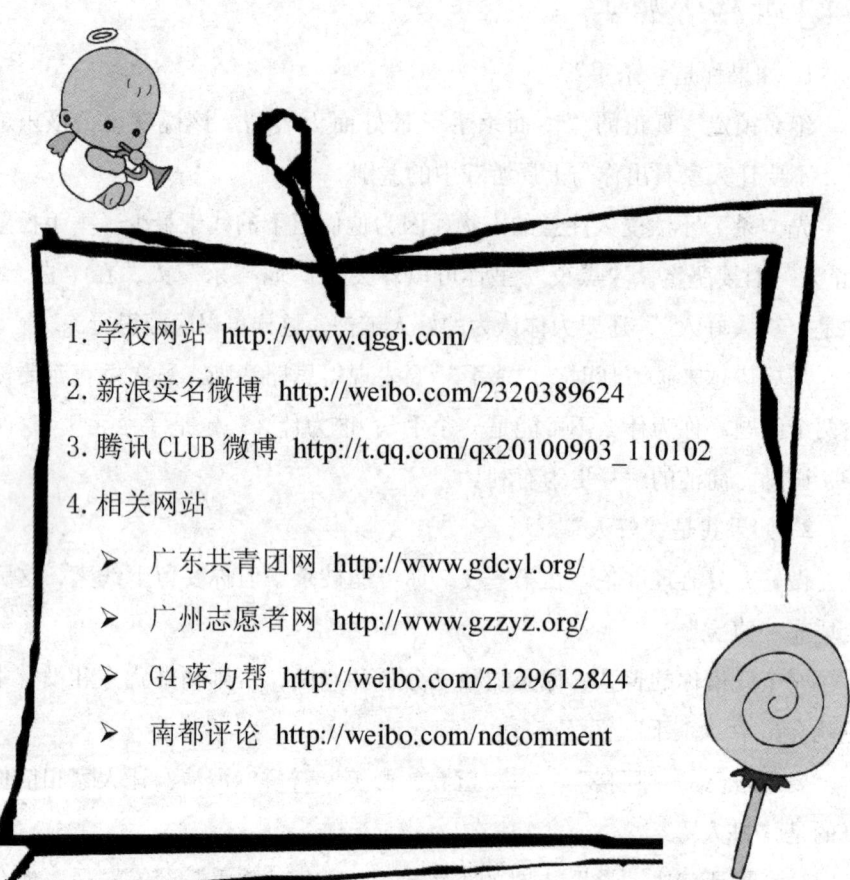

1. 学校网站 http://www.qggj.com/
2. 新浪实名微博 http://weibo.com/2320389624
3. 腾讯 CLUB 微博 http://t.qq.com/qx20100903_110102
4. 相关网站
   - 广东共青团网 http://www.gdcyl.org/
   - 广州志愿者网 http://www.gzzyz.org/
   - G4 落力帮 http://weibo.com/2129612844
   - 南都评论 http://weibo.com/ndcomment